# La justice et les enfants

Jean-Pierre R[illegible]ig



DALLOZ

Collection
*À savoir*
sous la direction de
Évelyne Pisier
et Olivier Duhamel


ISBN 978-2-247-12077-2

# La justice et les enfants

# Sommaire

*Une table détaillée figure à la fin de l'ouvrage.*

# Principales abréviations

| | |
|---|---|
| AEMO | Action éducative en milieu ouvert |
| AP | Administration pénitentiaire |
| APJ | Agent de police judiciaire |
| ASE | Aide sociale à l'enfance |
| BEX | Bureau de l'exécution des peines |
| BIDE | Bureau international sur les droits de l'enfant |
| BLPF | Brigade locale de protection des familles |
| BM | Brigade des mineurs |
| BOMJL | Bulletin officiel du ministère la Justice |
| BPDJ | Brigade de prévention de la délinquance juvénile |
| C. éduc. | Code de l'éducation |
| C. pén. | Code pénal |
| C. pr. pén. | Code de procédure pénale |
| C. trav. | Code du travail |
| CASF | Code de l'action sociale et des familles |
| CDAD | Conseil départemental d'accès au droit |
| CEF | Centre éducatif fermé |
| CER | Centre éducatif renforcé |
| CG | Conseil général |
| CIDE | Convention internationale des droits de l'enfant |
| CEDH | Cour européenne des droits de l'Homme |

| | |
|---|---|
| CIVI | Commission d'indemnisation des victimes |
| COPJ | Convocation par officier de police judiciaire |
| CSP | Code de la santé publique |
| EPM | Établissement pénitentiaire pour mineurs |
| FGTI | Fonds de garantie des actes de terrorisme |
| FIJAIS | Fichier judiciaire automatisé des auteurs d'infractions sexuelles ou violentes |
| FNAEG | Fichier national automatisé des empreintes génétiques |
| IVG | Interruption volontaire de grossesse |
| JAF | Juge aux affaires familiales |
| JE | Juge des enfants |
| JLD | Juge délégué à la liberté et à la détention |
| MEMA | Mission éducative en maison d'arrêt |
| PMI | Protection maternelle et infantile |
| OPJ | Officier de police judiciaire |
| Ord. | Ordonnance |
| PJJ | Protection judiciaire de la jeunesse |
| PPI | Procédure de présentation immédiate |
| QPC | Question prioritaire de constitutionnalité |
| RJPF | Revue juridique personnes et famille |
| SARVI | Service d'assistance au recouvrement des victimes d'infractions |
| SNATED | Service national d'écoute pour les enfants en danger |

| | |
|---|---|
| STIC | Système de traitement des infractions constatées |
| TCM | Tribunal correctionnel pour mineurs |
| TGI | Tribunal de grande instance |
| TI | Tribunal d'instance |
| TIG | Travail d'intérêt général |
| TPE | Tribunal pour enfants |
| UHD | Unité d'hébergement diversifié |
| UMJ | Unité médico-judiciaire |

# Introduction

Il est des institutions publiques qu'on souhaiterait épargner aux plus jeunes. On pense immédiatement à l'hôpital. La justice, avec ses appendices commissariat et prison, en est une autre dont pourtant nombre d'enfants auront à connaître.

Le rapport de l'enfant à la justice est effectivement délicat dans la mesure où il peut être très sensible et fragile ; il faudra systématiquement l'accompagner, sinon veiller à l'assister ou le représenter, sa parole étant souvent tenue pour peu fiable.

Pour lui les enjeux peuvent être majeurs. Son identité – sa filiation, son nom – peut dépendre d'une décision de justice ; on peut y décider de ses conditions de vie quotidienne ; il peut se retrouver « placé » jusqu'à sa majorité ou incarcéré de longues années. De sa parole peut dépendre aussi le sort d'autres personnes.

Enfin, des questions de principe se posent régulièrement en justice, révélatrices des tensions de fond que recouvre la problématique de l'enfant dans la société : est-il un objet d'appropriation de la part des adultes et des institutions ou une personne, sujet de droit capable peu ou prou d'agir au quotidien ? Peut-il avoir son mot à dire dans les procédures qui le concernent ? Peut-il saisir la justice pour demander que ses droits soient reconnus, voire de nouveaux droits consacrés ? Sera-t-il vraiment pris en compte ?

## La justice crée des droits

La loi consacre droits et devoirs, mais régulièrement la justice lui prépare le terrain. Ainsi ces dernières années, sur l'interruption volontaire de grossesse des mineures, sur l'exercice conjoint de l'autorité parentale, sur la responsabilité parentale, pour ne prendre que ces exemples, la justice a déblayé le terrain pour le législateur. Lieu de tous les dangers pour un enfant, la justice peut aussi veiller à ses droits.

## La nécessaire cohérence entre les différentes juridictions

Plusieurs juridictions, et donc de nombreux professionnels de justice, interviennent dans le champ de l'enfance. Une mise en synergie minimale de ces juridictions s'impose qui n'existe pas toujours. Ainsi un enfant violenté par sa famille mobilise toutes les juridictions civiles comme pénales. Il est opportun qu'elles coordonnent leurs approches pour offrir une réponse rapide et efficiente. Cela suppose déjà qu'elles s'informent entre elles.

## L'enfant sujet de droits

Au sens juridique l'enfant est la personne âgée de moins de 18 ans. Même avant sa naissance il a des droits, mais il ne peut pas les exercer seul[1]. À 18 ans, tout individu acquiert le droit d'exercer ses droits et la pleine capacité civique et politique.

1. L'émancipation permet à un mineur d'exercer personnellement ses droits. Le juge aux affaires familiales la décide à la demande de l'un des parents en constatant que le mineur est capable d'exercer les actes de la vie courante comme un adulte. Il ne s'agit pas de permettre à certains parents de se dégager de leurs responsabilités.

L'enfant est un incapable sur le plan juridique. Il a tous les droits fondamentaux de la personne humaine (par ex. le droit d'être respecté et protégé), auxquels s'ajoutent des droits spécifiques (par ex. être élevé par ses parents) et des droits renforcés (droit aux soins ou à l'éducation), mais il ne peut pas les exercer seul. Outre leurs obligations personnelles, les parents ou le tuteur l'assistent ou le représentent dans l'exercice de ses droits. Ils veillent à sa protection et à son éducation ; ils le représentent. Ils ont le souci de ses droits patrimoniaux (héritage, rente ou encore réparation d'un dommage) ; ils veillent sur ses droits extrapatrimoniaux comme son droit à l'image.

L'enfant peut cependant exercer personnellement certains de ses droits. Ainsi il est acteur de sa protection en portant plainte dans un service de police pour les faits dont il aurait été victime ou en demandant de l'aide à un juge des enfants. Incapable de contracter l'enfant mineur peut accomplir valablement les actes de la vie courante comme acheter de quoi manger, un titre de transport ou une place de cinéma.

Pour cela il lui faut jouir du discernement, c'est-à-dire être capable de comprendre l'interdit et le permis, le bien et le mal. En cas de doute, le juge évaluera cette capacité en faisant appel à des spécialistes.

Le droit d'être entendu en justice est le dernier des grands droits reconnus à l'enfant (L. n° 2007-193 du 5 mars 2007). L'enfant pourra demander à être entendu par les moyens de son choix. Le juge ne peut pas le lui refuser ; en revanche, et cette limite est contestable, il peut refuser de le recevoir personnellement et le faire entendre par un travailleur social. Le droit au silence est reconnu à l'enfant : convoqué en justice l'enfant peut se taire.

## L'enfant a aussi des devoirs

C'est bien parce qu'il a des droits qu'il a des devoirs. Dans le registre juridique, il peut engager sa responsabilité civile et sa responsabilité pénale outre sa responsabilité disciplinaire.

### *Réparer les dégâts causés*

L'enfant auteur d'un préjudice matériel ou moral devra réparer les dégâts. La victime pourra exiger de lui d'être indemnisée quitte à attendre qu'il ait les moyens de le faire.

Dans l'intérêt des victimes, parents ou tuteur seront déclarés civilement responsables (C. civ., art. 1384, al. 5) pour l'enfant mineur. Ils devront indemniser au lieu et place de l'enfant. D'où l'importance d'une assurance chef de famille qui n'est toujours pas obligatoire quand d'autres risques comme la possession d'une voiture ou la location d'un appartement – doivent l'être[1]. Il est d'autant plus temps de rendre cette assurance parentale obligatoire que désormais l'enfant est un risque (arrêt *Bertrand*, Civ. 2e, 19 févr. 1997) : il est impossible pour des parents de se dégager de leur responsabilité du fait de leur enfant en prouvant une bonne éducation ou une bonne surveillance ; ils ne peuvent s'exonérer totalement ou partiellement que par une faute de la victime ou un fait de force majeure.

### *Rendre des comptes pour la violation de la loi pénale*

Les enfants peuvent engager très tôt leur responsabilité pénale. La Convention internationale sur les droits de l'enfant (art. 37 et 40)

---

1. L'assurance-appartement emporte généralement une assurance chef de famille.

demande aux États de fixer un seuil sous lequel un enfant ne peut pas être condamné. La France préfère fonctionner sous le régime du discernement qui permet de faire du cas par cas. On estime généralement qu'à 7-8 ans le discernement est acquis[1].

Tenu pour coupable l'enfant jouit alors d'un régime spécifique (cf. *infra*) qui n'interdit pas des sanctions. Avant 13 ans – âge à la commission des faits – il ne peut pas se voir infligé de peines, mais seulement des mesures éducatives ou des sanctions éducatives. À 13 ans il encourt une peine nécessairement atténuée par rapport à celle encourue par un adulte. À 16 ans il peut être puni comme un adulte.

### *Engager sa responsabilité disciplinaire*

À la maison ou chez des tiers tout enfant doit de respecter les règles de vie en usage. Les parents sont autorisés à user à son égard d'un pouvoir coercitif, y compris d'exercer des violences corporelles légères comme la

1. À l'inverse, on a vu des jeunes de 14 ans être tenus pour dépourvus du discernement à la suite de faits graves et ne pas être condamnés.

gifle ou la fessée[1]. En revanche, les enseignants et les travailleurs sociaux, dans les écoles ou les foyers ne sont pas légitimes à exercer ces violences physiques. Ils doivent faire appel à d'autres sanctions respectueuses des droits humains qui ne portent pas atteinte à la dignité et à la décence.

## Quels sont les acteurs du théâtre judiciaire ?

La justice des enfants mobilise beaucoup de professionnels dans et bien au-delà de la magistrature.

Les magistrats concernés sont des juges du tribunal de grande instance (TGI) dont certains sont très spécialisés comme les juges aux affaires familiales (JAF), les juges d'instruction (JI) et le juge des enfants (JE), sans négliger les juges appelés à siéger en correctionnelle ou dans les cours d'assises pour des affaires de violences à enfants.

Le procureur de la République avec ses substituts tient désormais un rôle majeur pour veiller aux droits des enfants. Destina-

1. Le Conseil de l'Europe invite les États à condamner ces pratiques. La France a bien signé l'Appel de Stockholm de 2010, mais n'en a pas tiré les conséquences.

taire de tous les signalements d'enfants en danger, il décide des poursuites à engager contre les enfants délinquants et il suit de près leur prise en charge. Il aura aussi son mot à dire dans de nombreuses procédures civiles les concernant ou lorsqu'ils ont été victimes d'agressions.

Les magistrats ne pourraient rien faire sans les greffiers, fonctionnaires du ministère de la Justice, chargés d'identifier les décisions judiciaires en prenant des notes durant l'audience, de préparer les jugements, mais encore tenir les cabinets des juges et le secrétariat du parquet.

L'assistance d'un avocat est un droit et parfois une obligation tant pour les enfants que pour les adultes dans les affaires mettant en cause des enfants. Depuis les années quatre-vingt des avocats en nombre et de qualité se sont spécialisés.

Les magistrats s'appuient souvent sur des experts : psychiatres, psychologues, thérapeutes familiaux. Parfois – pour les enfants en danger ou délinquants –, le juge pourra mandater des équipes éducatives, elles-mêmes composées de nombreux professionnels dont les éducateurs spécialisés.

Les travailleurs sociaux sont le plus souvent des salariés d'institutions publiques départementales (aide sociale à l'enfance – ASE) ou d'État (protection judiciaire de la jeunesse – PJJ, direction du ministère de la Justice) ou privées (réseau associatif habilité).

L'État finance la justice, mais s'appuie dans une large mesure sur les moyens humains et financiers des conseils généraux et sur les compétences du réseau associatif habilité.

Le champ judiciaire de l'enfance est immense. Si l'on veut faire simple, on peut dire que la justice doit garantir à tout enfant :

– le droit à une autorité qui le protège et l'aide à grandir,

– le droit à être éduqué,

– le droit d'être protégé,

– le droit à se faire rendre justice.

Elle fait au mieux. Elle peut faire mieux !

# Titre 1
## Une justice pour garantir le droit à une autorité parentale

Le temps de l'union ou lors de la séparation du couple parental fondé ou non sur le mariage, dans sa personne ou dans ses biens, l'enfant peut être l'objet de conflits majeurs entre adultes. Encore faut-il déjà qu'il soit rattaché à des adultes par un lien de filiation.

Dans les années soixante-quinze, les juges ont su prendre en compte le souci des parents de sortir d'une logique d'affrontement qui n'épargnait personne. Il ne s'agit plus aujourd'hui pour un parent d'exclure l'autre et de s'approprier l'enfant : le temps de la vie commune ou après, chacun a des responsabilités à exercer au bénéfice de l'enfant. En trente ans, avec le relais du législateur, les juges ont consacré le droit de l'enfant à disposer de la protection de ses deux parents même si le couple conjugal est dépassé.

Dans le même temps d'autres adultes sont apparus dans l'univers de l'enfant. Déjà : des grands-parents plus souvent présents, ingambes et doués de moyens économiques prétendent souvent avoir un droit de regard sur leur descendance. En outre un million d'enfants sont élevés par un adulte qui n'est pas leur parent biologique. Quelle place faire à ce « gentil papa » ou cette « gentille maman » sans concurrencer les parents biologiques ? Enfin, des enfants se trouvent privés de parents exerçant l'autorité parentale. Il faudra pallier cette carence, voire offrir une nouvelle famille à l'enfant. Faut-il ajouter que le parent biologique peut vivre avec un adulte du même sexe. Quels droits lui reconnaître ?

La responsabilité parentale n'est donc plus un pouvoir sur l'enfant, mais un droit de l'enfant à être protégé et éduqué. La justice doit en être garante (C. civ., art. 371 et s.). On est peu ou prou sorti d'une problématique jusque-là adultocentrée. S'est alors posée la question de l'expression de l'enfant en justice, du poids de cette parole mais aussi de son accompagnement.

## Qui est compétent ?

L'état des personnes relève du tribunal de grande instance (TGI), juridiction qui se prononce sur les questions de filiation ou d'adoption. Le juge aux affaires familiales (JAF), magistrat du TGI, est devenu le grand juge de la famille. Il se prononce sur les changements de prénom et sur les conflits entre parents mariés ou non ; il délègue l'exercice de la tutelle ; il connaît encore des conflits entre parents et grands-parents, etc. Il est le juge de l'émancipation des mineurs.

## § 1. Inscrire l'enfant dans une famille

### A. Consacrer la filiation biologique

La loi ne garantit pas automatiquement à tout enfant le droit à une filiation paternelle et une filiation maternelle juridiquement établis. Il dépend donc du bon vouloir des géniteurs de faire en sorte qu'un lien de droit se noue entre eux et leur enfant. Si le père ne le reconnaît pas et si la mère ne fait rien pour établir cette filiation, l'enfant sera « orphelin » de père. Le parquet n'est pas en droit de saisir la justice ! L'enfant lui-même devra attendre sa majorité pour agir. On peut fabriquer un orphelin.

À tout moment le père biologique peut reconnaître son enfant à condition qu'entre-temps un autre homme ne l'ait pas fait : il lui faudrait alors combattre en justice cette première filiation.

Si le père n'a pas reconnu formellement l'enfant, mais s'est comporté comme tel, il pourra se voir attribuer par la justice la possession d'état de père et la filiation sera établie. On voit cela dans des successions.

Mais rien n'oblige des parents à reconnaître leur enfant. Notre droit, adultocentré au nom de la paix des familles, ne reconnaît pas le droit de l'enfant à sa filiation. On le regrettera. D'ailleurs l'enfant n'a pas toujours l'accès à l'identité de ses géniteurs : une femme peut accoucher sous « X » c'est-à-dire sans déclarer son identité.

De la filiation découle l'autorité parentale. Si les deux parents établissent leur filiation, ils exercent conjointement l'autorité parentale, sauf décision de justice, avec l'ensemble des droits et devoirs patrimoniaux et extrapatrimoniaux qui en découlent, Si un seul a la filiation établie à l'égard de l'enfant, il a l'autorité parentale et son exercice entier.

## B. Établir une filiation adoptive

Un lien de filiation juridique par l'adoption peut être institué entre des personnes qui n'ont pas des relations de sang. Contrairement à une idée reçue l'adoption n'est pas faite que pour les enfants privés de famille.

Jusqu'en 1923, l'adoption était réservée aux adultes pour maintenir un nom ou transmettre une fortune. Dans les années vingt il s'est agi d'offrir aux orphelins des poilus de Verdun une autre perspective que les foyers de l'Assistance publique !

Dans la période moderne l'adoption est de plus en plus utilisée pour créer un lien de droit entre un enfant et le conjoint ou compagnon de son parent biologique (adoption intrafamiliale).

### 1° L'adoption des enfants sans parents

L'adoption permet à des enfants « délaissés » par leurs parents de s'inscrire juridiquement dans une famille qui deviendra la leur. Avec la loi du 6 juin 1984, nous avons eu le souci que tous les enfants, même porteurs de handicap, puissent être adoptés.

Un enfant peut avoir été confié à l'Aide sociale à l'enfance (ASE) peu de temps après sa naissance, généralement par sa mère, le père ayant disparu ou étant inconnu, pour être adopté. Dans d'autres cas, l'ASE relève qu'un enfant confié par les parents ou par un juge ne bénéficie plus de la présence parentale. Au bout d'une année de délaissement effectif le JAF constate l'abandon (C. civ., art. 350). L'enfant devient pupille de l'État et adoptable. Entre 600 à 1 000 enfants deviennent chaque année pupilles de l'État. La France comptait 150 000 en 1900, 2 300 aujourd'hui pour une population plus que doublée. On « manque » d'enfants adoptables. On doit s'en réjouir. Les 15 000 candidats à l'adoption recherchent plutôt un enfant en bas âge, européen, en bonne santé quand les pupilles de l'État sont plus âgés, souvent de couleur, parfois porteurs de handicap et en fratrie.

D'où, à la fois des délais souvent fort longs pour satisfaire les attentes des « candidats » qui se dirigent alors vers l'adoption transnationale elle-même aléatoire, et des difficultés pour les services sociaux à garantir le droit à une famille à tout pupille de l'État.

### 2° Deux filiations hétérosexuelles

Les services sociaux doivent s'interroger au moins une fois l'an sur le devenir du pupille et à réfléchir à un projet d'adoption. Le statut de pupille de l'État n'est pas une fin en soi. L'enfant a droit à une famille.

À l'inverse la loi ne consacre pas le droit d'adopter pour de tout adulte qui le souhaite. Malgré de très fortes pressions et quoiqu'une douzaine d'États aient déjà franchi le pas, notre droit ne reconnaît pas le droit des couples homosexuels à adopter un enfant. Une personne homosexuelle peut adopter, sinon il y aurait une discrimination déjà sanctionnée par le Conseil d'État, mais au nom du droit de l'enfant à un père et une mère, on a jusqu'ici refusé d'établir une double filiation paternelle ou une double filiation maternelle. Bien évidemment un couple homosexuel peut élever un enfant. Des décisions de justice ont même admis que le compagnon ou la compagne d'un parent juridique puisse se voir déléguer partiellement l'exercice de l'autorité parentale. Mais, à juste titre, la Cour de cassation refuse, toujours d'admettre la double filiation du même sexe, y compris pour les enfants issus d'une procréation assistée à l'étranger et reconnus comme enfants du couple homosexuel dans ce pays. En d'autres termes, l'adoption est un droit pour les enfants, pas pour les adultes !

Il existe deux formes d'adoption :

– **l'adoption plénière**, ou adoption substitutive, crée un lien de droit très fort entre les individus : l'adopté est réputé né de l'adoptant. Cette filiation se substitue totalement à la première : l'état civil original est rectifié pour l'effacer. Elle est irréversible, mais n'interdit pas une nouvelle adoption. On peut imaginer une adoption pérenne sans nier l'histoire de l'enfant ;

– **l'adoption simple** crée un nouveau lien de droit entre les intéressés sans effacer le passé. Le ou les adoptants exerceront pleinement l'autorité parentale mais l'enfant ne sera pas amputé de son histoire. Cette adoption est réversible par décision de justice.

Dès lors l'adoption plénière est à réserver aux très jeunes enfants. Elle est impossible pour les enfants de plus de 15 ans.

L'adoption est prononcée par le tribunal de grande instance saisi par les intéressés ; le parquet est entendu pour donner son avis ; l'enfant doué du discernement l'est aussi. À partir de 13 ans, il dispose d'un droit de veto sur le projet.

## § 2. Veiller à l'exercice de l'autorité parentale

Des conflits peuvent opposer les parents entre ou des parents aux grands-parents. Il peut aussi y avoir une carence parentale.

## A. Entre parents

Lié ou non par le mariage, en cas de séparation, depuis 1987, le couple parental doit saisir le JAF. Il n'y a plus un vainqueur et donc un perdant à l'issue de l'audience[1]. Désormais les deux parents doivent demeurer dans l'univers de leur enfant malgré la séparation physique ; réciproquement les parents ne sont pas privés de leurs enfants et de leur éducation.

Point absolument essentiel : le juge doit tenir compte des accords passés entre les parents. Il vérifie si l'un des parents n'est pas victime de l'autre et il prend en compte la parole d'enfant si celui-ci peut s'exprimer, en tout cas il s'attache à son intérêt.

La loi veut donc que les deux parents continuent à exercer conjointement l'autorité parentale. Exceptionnellement l'exercice en sera confié à l'un d'entre eux et encore plus exceptionnellement le juge pourra mobiliser l'ASE Il faudra se prononcer sur la résidence de l'enfant qui pourra être fixée chez l'un des parents avec un large droit de visite et d'hé-

1. Le juge sera notamment saisi du problème des enfants, mais d'autres points peuvent appeler son intervention (la contribution financière pour un époux, le partage des biens, voire des animaux).

bergement pour l'autre. Généralement ce sera un week-end sur deux et la moitié des vacances, rien n'interdisant aux parents de s'accorder sur plus ou autrement.

Le principe étant l'exercice conjoint de l'autorité parentale, les tiers (enseignants, médecins, etc.) pourront penser que leur interlocuteur est valablement compétent pour exercer tel ou tel attribut de l'autorité parentale. De fait une présomption est posée au bénéfice du tiers de bonne foi, c'est-à-dire de celui qui ne connaît pas les détails de la situation matrimoniale. Il appartient donc au parent qui se méfierait de l'autre de prendre des précautions en informant ces tiers.

L'enfant n'a pas vocation à saisir le juge pour « divorcer » de ses parents, mais il peut être entendu et être assisté d'un avocat. Seul l'un ou l'autre des parents saisit le JAF.

Avec beaucoup de difficultés nous sommes parvenus à faire reconnaître en 2007 le droit de l'enfant qui en fait la demande à être entendu par son juge. On se méfiait jusque-là des manipulations dont les enfants pourraient être les victimes surtout dans des conflits familiaux durs. Elles existent, mais de là à sanctionner tous les enfants il y avait une marge. Le juge vérifiera.

La dynamique de la Convention internationale des droits de l'enfant (CIDE), avec son célèbre article 12, a joué :

1° Les États parties garantissent à l'enfant qui est capable de discernement le droit d'exprimer librement son opinion sur toute question l'intéressant, les opinions de l'enfant étant dûment prises en considération eu égard à son âge et à son degré de maturité.

2° À cette fin, on donnera notamment à l'enfant la possibilité d'être entendu dans toute procédure judiciaire ou administrative l'intéressant, soit directement, soit par l'intermédiaire d'un représentant ou d'une organisation approprié, de façon compatible avec les règles de procédure de la législation nationale.

On l'a dit, le magistrat peut ne pas recevoir personnellement le jeune, mais le faire entendre par un travailleur social. En tout état de cause l'enfant donne son avis, mais ne dispose pas du droit de décider ou d'un droit de veto. Force est quand même de constater qu'aucun juge ne peut faire faire à un enfant, notamment un adolescent, quelque chose qu'il n'a pas envie de faire. Le juge tiendra compte du point de vue de l'enfant, de son âge, de sa personnalité, de celle de ses parents, de l'environnement, etc. Il pourra aller dans le sens avancé par l'enfant mais ce sera sa décision de juge. Il est important qu'il en soit ainsi : rien ne serait plus grave que de laisser penser aux enfants dont les parents se séparent qu'ils décident de leur vie. Le temps de leur minorité il revient aux parents de décider pour eux, à défaut, un juge est mobilisé pour intervenir.

Aucune décision prise par un JAF n'est définitive car la situation familiale bouge ; l'enfant grandit et ses besoins évoluent. Rien n'empêche les parents de s'accorder par-delà la décision judiciaire, Le mieux reste de veiller à une modification formelle. Il est aussi des cas où un parent ou l'enfant souhaite voir la situation évoluer dans une ambiance qui reste conflictuelle.

La procédure est assez simple. L'un ou l'autre des parents doit saisir le JAF par un courrier recommandé. L'enfant ne le peut pas ; il faut donc que sa demande éventuelle soit relayée par un des deux parents.

## B. En cas de carence totale ou partielle de parents

Différentes situations peuvent se présenter.

### 1° La tutelle

Si les parents sont décédés ou ont disparu, la tutelle sur l'enfant peut être déclarée vacante et déléguée à telle personne physique membre de la famille ou proche de l'enfant ou à une institution sociale comme l'ASE. La décision appartient au JAF sous le contrôle du procureur de la République.

### 2° La délégation d'autorité parentale

Cette procédure permet de désigner quelqu'un qui exercera l'autorité parentale quand des parents savent devoir être absents durant une longue période ou ont des problèmes sociaux ou médicaux. Elle permet aussi de donner du droit au compagnon ou à la compagne du parent biologique qui élève l'enfant.

Demandée par des personnes physiques ou par un service social la décision relève d'un juge – le JAF – et sous le contrôle du procureur afin d'éviter tout risque de trafic sur des enfants.

La délégation peut être partielle ou totale. Le juge pourra donc cantonner les attributs délégués. Elle est réversible quand les circonstances de la vie de l'enfant auront changé. Il faut alors saisir le JAF.

### 3° La défaillance parentale punissable

#### *a) Le retrait d'autorité parentale*

Les parents maltraitants ou négligents peuvent se voir retirer l'autorité parentale tant par une juridiction pénale que par une juridiction civile. On parlait jadis de déchéance d'autorité. Cette mesure peut viser les enfants nés, mais aussi les enfants à naître. Elle peut être réversible, mais difficilement (C. civ., art. 378).

#### *b) La déclaration judiciaire d'abandon*

Sans confier son enfant à l'ASE ou à une œuvre agréée afin qu'il soit adopté, on peut disparaître et délaisser de fait son enfant. L'enfant ne doit pas rester dans cette situation de déshérence. Il a droit à ce que des personnes exercent l'autorité parentale. La justice sollicitée pour déclarer l'enfant abandonné. La déclaration d'abandon ne doit pas être une fin en soi, mais la première étape vers le droit de l'enfant à une famille (C. civ., art. 350; cf. *supra*).

### c) *La délégation forcée d'autorité parentale*

Si le parquet constate que des parents n'exercent pas l'autorité parentale ou si l'un des parents à l'impression que l'autre se défausse de ses responsabilités ou est en grande difficulté pour les exercer, une délégation forcée de l'autorité parentale peut être décidée (C. civ., art. 377).

Une personne physique ou morale (par ex. l'ASE) sera investie de l'exercice total ou partiel de l'autorité parentale.

### d) *L'autorisation donnée par le JE d'exercer tel attribut de l'autorité parentale*

Des enfants confiés à l'ASE par leurs parents ou par le juge sont souvent délaissés sans pour autant que les institutions sociales aient eu la possibilité d'engager une procédure pour exercer l'autorité parentale. Or il est nécessaire d'exercer des responsabilités, par-delà les actes usuels que seuls les titulaires de l'exercice de l'autorité parentale peuvent accomplir. Une orientation scolaire, la sortie de territoire ou encore une opération esthétique sont des décisions importantes que l'ASE ne peut pas prendre *proprio motu* sans être taxée d'arbitraire. La loi du 5 mars 2007 permet au juge des enfants de l'habiliter à exercer ponctuellement un attribut de l'autorité parentale (C. civ., art. 375-7). Si la situation devait durer l'ASE devrait engager l'une des procédures de fond dont elle dispose.

## C. Les liens avec les grands-parents et beaux-parents

Si certains enfants manquent d'adultes autour d'eux pour les protéger, d'autres en débordent ! Il est fréquent que le couple parental se sépare, puis que chacun des parents se remette en couple ; on voit apparaître des beaux-pères et des belles-mères qui peuvent tenir une place majeure dans la vie de l'enfant, y compris par-delà une nouvelle séparation conjugale. Dans le même temps avec l'allongement de la durée de la vie et les conditions de vie des plus âgés, il est fréquent qu'un enfant dispose de grands-parents proches et ingambes soucieux de se préoccuper de lui et, *a minima*, d'entretenir des relations très suivies. Ajoutons que tous ces adultes ne s'accordent pas toujours entre eux et déjà ne sont pas en harmonie sur les démarches éducatives à suivre. D'où des conflits réguliers qu'il faudra parfois faire trancher par le juge aux affaires familiales.

### 1° Les grands-parents

Le plus souvent on s'entend en famille sur les relations que les enfants doivent entretenir avec leurs anciens. Pas besoin de juge. Mais il est des grands-parents intrusifs ou des relations délicates entre générations dont les enfants peuvent faire les frais. La loi garantit le droit des enfants à entretenir des relations avec leurs grands- parents. En cas de désaccord il faudra saisir le juge aux affaires familiales pour préciser les termes de ces relations.

### 2° Les beaux-pères et les belles-mères

Un million d'enfants vivent avec un adulte qui n'est pas leur parent biologique. Deux questions se posent alors : celle du pouvoir de ces adultes sur l'enfant le temps de la vie commune et celle d'éventuelles relations après une séparation du parent biologique.

## D. Le temps de l'union

Juridiquement la personne avec laquelle vit habituellement le parent biologique ne dispose d'aucun pouvoir sur l'enfant ; pour autant son rôle au quotidien peut être majeur. Certains adolescents en profitent pour échapper à toute autorité. On attend toujours un texte de loi qui affirme les responsabilités s'agissant des actes usuels, les actes majeurs relevant des seuls titulaires de l'autorité parentale. Depuis dix ans les politiques, malgré les annonces faites n'ont pas osé s'attacher à ce problème somme toute aisé à résoudre en affirmant que ceux qui vivent avec l'enfant exercent les actes de la vie courante – actes usuels – quand le parent biologique séparé exerce les droits fondamentaux.

## E. *A posteriori*

À défaut d'entente avec les parents biologiques la personne attachée à l'enfant pour avoir vécu avec un enfant peut solliciter le droit de continuer à entretenir des relations avec lui par-delà la séparation. Bien évidemment ici encore le point de vue l'enfant sera recueilli et généralement pris en compte.

La loi permet à l'enfant d'entretenir des relations avec ceux qui lui sont chers comme un ex-beau-parent ou assistante familiale.

## § 3. Protéger les intérêts matériels et moraux de l'enfant

Les parents gèrent les intérêts matériels de leurs enfants. L'enfant peut hériter, faire l'objet d'une donation ou avoir des revenus sportifs ou artistiques. Ils peuvent ainsi être amenés à demander une indemnisation pour leur enfant si celui-ci est victime d'un accident ou d'une agression. Ils gèrent ses biens et perçoivent ses revenus jusqu'à 16 ans. Si l'un des parents vient à disparaître, une procédure de tutelle aux biens sera mise en place. Pour disposer des biens immobiliers de leur enfant il faudra au tuteur l'accord du juge.

Titre 2
## Une justice pour garantir le droit à l'éducation

Le tribunal pour enfants est né de l'idée qui veut qu'un enfant n'est pas un délinquant comme les autres. Son comportement peut s'expliquer par sa faible maturité, mais surtout par une carence éducative. Si l'on sait répondre à cette carence rien n'est définitivement joué. C'est même l'intérêt de la société que de jouer cette carte éducative quand les prisons sont criminogènes. Le tribunal pour enfants date de 1912, mais c'est bien en 1945, à la Libération, en reprenant un texte rédigé par le gouvernement Pétain, qu'a été consacré le droit à l'éducation de l'enfant « en conflit avec la loi » avec la fameuse ordonnance du 2 février sur l'enfance délinquante instituant le juge des enfants, magistrat spécialisé.

Figure de proue de la justice des mineurs ce juge n'en est pas l'intervenant unique. Armé de ses seuls codes il ne pourrait rien pour redresser le cours de la vie d'un enfant : il doit souvent mobiliser de nombreux apports. Force est de constater que plus de soixante ans plus tard les principes et ressorts de l'ordonnance tant décriée depuis 1990 restent valables puisqu'alors que, malgré sa mort mille fois annoncée elle reste la base du droit pénal des moins de 18 ans. Elle a été régulièrement « enrichie » – entendre durcie ! – pour faire face aux nouveaux besoins. De nombreux dispositifs nouveaux y ont été introduits. En 2008, en vain on a pensé lui substituer un « Code de la justice pénale des mineurs ».

La priorité éducative demeure, qui n'interdit pas de sanctionner, et de plus en plus sévèrement. Les politiques ont bien tenté de gommer ce qui fait la spécificité du droit pénal des mineurs, mais le Conseil constitutionnel et les engagements internationaux de la France font barrage.

Le juge des enfants reste la clé de voûte de ce système, mais le privilège de juridiction dont jouissent les enfants en conflit avec la loi s'estompe : dans 60 % des cas le parquet traite lui-même les affaires ; le juge d'instance, la cour d'assises des mineurs et en

2012 le tribunal correctionnel pour mineurs ont aussi écorné ce privilège.

En référence aux USA, pays pourtant de tous les excès judiciaires, certains, au prétexte que les enfants d'aujourd'hui seraient plus matures, proposent ouvertement d'abaisser la majorité pénale à 16, 15 ou même 14 ans. Il ne s'agit plus d'éduquer, mais de punir. Déjà on sanctionne chaque acte en oubliant parfois que derrière ces actes il y a un enfant dans une séquence de vie délicate. Sans cautionner ses actes, il s'agit dans l'intérêt même de la société de réunir les conditions d'une autre ligne de vie.

## § 1. Quid de la délinquance juvénile ?

La France serait à feu et à sang du fait de hordes sauvages de mineurs délinquants ! Certes les faits relevés imputables aux moins de 18 ans ont considérablement crû depuis trente ans, mais plus encore la délinquance des adultes ! Depuis 2000, la part prise par les mineurs dans la délinquance globale a tendance à décroître : 20,5 % en 1999, 17 % aujourd'hui. Dans la délinquance de rue cette part est souvent de plus de 50 %, quand ce n'est pas des 65 %.

Malgré les critiques que l'on peut avancer sur la saisine statistique, que cette délinquance est plus violente que par le passé… tout comme la délinquance des adultes. Elle reste majoritairement le fait des garçons (90 %). Il est difficile de démontrer qu'elle se rajeunit comme certains l'affirment péremptoirement. En revanche, on doit constater que par-delà les phénomènes personnels (crise d'adolescence, rejet ou absence d'autorité parentale) nombre de très jeunes s'inscrivent dans une délinquance de groupe, communautaire et territorialisée. Le trafic de drogue offre une entrée en délinquance facile. Beaucoup sont en grande difficulté, pas motivés pour l'école, ils n'ont aucune perspective, et se retrouvent embarqués dans le business de la drogue. Souvent nihilistes et destructeurs, en grande souffrance par-delà la violence qu'ils manifestent, ils sont dangereux et en danger. Sa massification pose le problème de la socialisation d'une partie de la jeunesse de France.

## § 2. Sept principes guident la justice pénale des mineurs auteurs

**Premier principe**
***Un privilège de juridiction***

La spécificité de réponse judiciaire réservée aux enfants en conflit avec la loi passe par des juridictions :

– dédiées aux moins de 18 ans,

– composées de magistrats *a priori* spécialisés sur l'enfance délinquante,

– appliquant des procédures adaptées aux enfants.

Ce principe a valeur constitutionnelle depuis 2002, mais la tendance lourde est à la marginalisation du juge des enfants.

### A. Le principe

Comme le commerçant avec le tribunal de commerce **le mineur jouit donc d'un privilège de juridiction** : une juridiction lui est consacrée avec des juges spécialisés (Ord. nº 45-174 du 2 févr. 1945, préc., art. 1er).

Ce privilège date de 1912 avec la création du tribunal pour enfants (TPE). Il a pris véritablement son contenu en 1945 avec l'institution d'un juge des enfants dédié aux mineurs.

Jusqu'alors ce tribunal composé de trois magistrats non spécialisés avait comme seule originalité de pouvoir prononcer des mesures de liberté surveillée confiées à un éducateur. S'esquissait le projet de transformer le délinquant en prenant le temps d'un travail social ! Le XXe siècle judiciaire serait social !

Le juge des enfants naît en 1945 : il présidera ce TPE entouré de deux citoyens choisis pour leur intérêt aux questions de la jeunesse. Il peut aussi juger seul dans son cabinet, mais ne peut alors prononcer que des mesures éducatives. Il recevra une formation spécialisée.

Il atteindra son apogée en 1958 avec une compétence étendue aux enfants en danger[1]. On n'attendrait plus qu'un enfant commette un délit pour lui venir en aide. C'en est fini du délit-prétexte à intervention : la situation de danger justifie qu'un juge se mobilise ! Le tribunal a pris dès lors de l'ampleur pour protéger les enfants et garantir leur droit à l'éducation. Cet âge d'or a commencé à s'estomper vers 1990 quand le politique a entendu qu'il se recentre sur le pénal. On lui

1. Ord. n° 58-1301 du 23 déc. 1958, relative à la protection de l'enfance et de l'adolescence en danger (C. civ., art. 375 et s.).

reproche de trop investir sur l'enfance en danger

## B. Ses limites

Trois exceptions ont été introduites à cette compétence de principe du tribunal pour enfants dont la dernière nous ramène à 1912.

1° **En matière criminelle** : la cour d'assises des mineurs (trois magistrats dont deux juges des enfants et six jurés) pour les crimes commis par des personnes âgées de plus de 16 ans au moment des faits.

2° **Les contraventions des quatre premières classes** (pour lesquelles une peine de prison n'est pas encourue) relèvent du juge de police, ou s'il en existe, d'un juge de proximité institué en 2002, magistrat non professionnel nommé pour sept ans. Ils ne peuvent pas prononcer de peines de prison, mais des mesures comme l'admonestation et des amendes cantonnées à 375 euros. S'ils estiment qu'une mesure éducative s'impose, il leur faudra saisir le juge des enfants.

3° **Le tribunal correctionnel pour mineurs** (TCM) créé par la loi du 10 août 2011 (Ord. du 2 févr. 1945, préc., art. 24-1, nouv.) se veut une entorse majeure au privilège de juridiction au point où le candidat Hollande s'est engagé en 2012 à revenir sur cette innovation. Il s'agit :

– **d'une formation du tribunal de grande instance**, dont le président fixe la composition dans son ordonnance de roulement après avis de l'AG de la juridiction,

– à la compétence limitée et large, qui vise :

• les mineurs de plus de 16 ans récidivistes, mais également leurs coauteurs ou complices majeurs de telle sorte qu'il peut se retrouver à juger des grosses procédures de trafics de drogue dans lesquelles des mineurs ne seront que peu concernés,

• avec une composition à géométrie variable : certes un JE le présidera, mais les deux autres magistrats pouvant n'avoir aucune connaissance de la justice des mineurs à la différence des assesseurs du TPE. Le Conseil constitutionnel n'y a rien trouvé à redire dès lors que l'ordonnance du 2 février 1945 y était applicable. Plus grave encore, conséquence d'une décision du Conseil constitutionnel du 8 juillet 2011, à compter du 1er janvier 2013, le juge des enfants qui a renvoyé l'affaire ne présidera pas le TCM[1]. Un

1. La circulaire en rajoute sur la loi puisqu'elle vise le juge

autre juge des enfants du tribunal ou du ressort présidera, mais pas celui qui connaît le jeune ! On imagine les difficultés pratiques.

Et à compter du 1er janvier 2014, s'il existe encore, le TCM sera complété par deux jurés populaires. On affiche le souci de rapprocher cette justice du peuple, mais on a renoncé pour les cas les plus graves aux assesseurs du tribunal pour enfants, citoyens repérés pour leur intérêt pour la justice des mineurs et spécialement formés, appelés à juger régulièrement !

Cette nouvelle juridiction est fortement contestée quand à défaut de pouvoir abaisser la majorité pénale à 16 ans on a eu le souci de faire juger les plus de 16 ans comme des adultes par de « vrais » juges.

## C. Le monopole du juge des enfants a été entamé

Le juge des enfants, clé de voûte du dispositif, celui qu'on a admiré plusieurs décennies durant est en effet nettement contesté : il fait l'objet d'un procès (injustifié) en laxisme.

---

tout qui a posé des actes d'instruction. Des difficultés concrètes vont se poser dans de nombreuses juridictions pour respecter cette règle quand un juge aura mis en examen, un autre instruit, un troisième éventuellement renvoyé. Où trouver ces juges ?

On rogne donc ses compétences ou sa liberté d'apprécier et de juger.

Magistrat spécialisé pour les enfants (sensibilisé aux sciences humaines, psychiatrie et psychologie par-delà sa formation juridique et technique, pérenne dans la fonction et dédié à sa mission), le JE est encore l'acteur principal du dispositif français, même si désormais le procureur de la République joue un rôle majeur dans cette justice.

Il est déjà juge d'instruction. Dans cette phase d'instruction obligatoire (Ord. de 1945, préc., art. 5) qui porte tant sur la personne que sur les faits il dispose de tous les droits et pouvoirs d'un juge d'instruction. Il peut prendre des mesures d'ordre public, mais aussi et surtout il s'attachera à faire évoluer le jeune par des mesures éducatives[1]. En revanche, depuis 2000, comme tout juge d'instruction, le juge des enfants n'a plus la compétence de se prononcer sur l'incarcération provisoire des mineurs… sauf d'une manière surprenante dans le cadre d'une procédure de présentation immédiate (PPI) introduite en 2002.

---

1. Par-delà les différentes procédures pénales il pourra avoir un dossier d'assistance éducative ouvert à son cabinet (C. civ., art. 375 et s. ; cf. *infra*).

Quand il l'estimera utile, il pourra décider de provoquer une audience de fond pour juger le jeune dans son cabinet ou il le renverra devant le TE ou le TCM.

Depuis la loi n° 2004-204 portant adaptation de la justice aux évolutions de la criminalité du 9 mars 2004, il a la plénitude du suivi de l'exécution des peines, dans et hors la prison. Il veillera notamment aux aménagements de peines.

Les parlementaires avaient eu le projet l'idée que le même juge instruise, condamne et suive l'exécution de la peine avec le souci d'une démarche cohérente. En pratique ce sera souvent un autre juge : celui du lieu de la détention.

### 1° Un juge d'instruction spécialisé « mineurs auteurs » pour soulager le juge des enfants

Pour permettre au juge des enfants de pouvoir se consacrer au maximum aux enfants qu'il a en charge, la loi lui offre (cf. *infra*) la possibilité de recourir à des facilités de procédure (la procédure officieuse de l'article 8 de l'ordonnance de 1945), mais elle a également instauré un juge d'instruction spécialisé pour les mineurs qu'il est parfois obligatoire de désigner.

La saisine d'un juge d'instruction est obligatoire en matière criminelle. Un maximum de garanties doit être donné aux justiciables qui « jouent » gros. Le JE n'a sans doute pas de temps à consacrer au respect du formalisme et donc peut pratiquer une « procédure officieuse » où il respecte certes les grands principes, mais il peut s'abstraire des « détails » procéduraux.

En matière délictuelle la saisine d'un juge d'instruction est facultative et peut intervenir dans deux cas :

– ***les affaires complexes*** obligeant à une multitude d'actes d'instruction. Très longtemps on tenait par affaire complexe celle qui appelait, du point de vue du parquet, à un mandat de dépôt avec des juges des enfants réputés peu enclins à mettre en détention provisoire. Le parquet les contournait en passant par un juge d'instruction ;

– ***les affaires mixtes*** avec des majeurs et des mineurs : plutôt que de couper la procédure en deux, on demandera donc à un seul magistrat – le juge d'instruction – de connaître du cas des mineurs et des majeurs.

**2° Le parquet**

Le parquet développe de nouvelles responsabilités.

La montée en puissance du parquet à partir des années quatre-vingt-dix doit s'analyser comme une défiance à l'égard notamment des juges quant à leur capacité à faire face aux considérations d'ordre public.

Dans cette période où la délinquance augmente on a le souci de ne pas laisser un acte sans réponse. Les JE étant fortement mobilisés sur l'enfance en danger, **le parquet entend être plus réactif** en se branchant directement sur les services de police – le traitement en temps réel –, mais il lui faut aussi prendre sa part dans le traitement des dossiers – le traitement autonome. À défaut, les procédures plus nombreuses à remonter s'accumuleraient dans les cabinets sans être traitées.

Il y a aussi la préoccupation de veiller à des **réponses plus fermes**. Rendue dans le temps de la commission des faits la justice est naturellement portée à être plus sévère.

Le parquet devait sortir de son train-train consistant à traiter chaque jour des procédures arrivées au courrier du matin, parfois sur des faits de plusieurs mois, avec, de temps en temps, une urgence téléphonique ou la nécessité de « monter à l'audience » entre deux règlements de procédures d'instruction. Ce temps est terminé. Le parquet moderne est arrivé.

Les mots sont révélateurs. En 1992, on a parlé de « traitement autonome » par le parquet, sous-entendu autonome par rapport au juge des enfants. **Depuis, on parle de « troisième voie** »! Version plus diplomatique du nouveau pouvoir conquis par le parquet.

Les chiffres parlent : 60 % la délinquance juvénile est désormais traitée par le seul procureur. Aucun magistrat du siège n'interviendra sur ces dossiers.

**Classiquement,** le parquet assume la direction de l'enquête pénale. Il donne des impulsions aux services de police judiciaire en fonction de sa politique pénale. Dans chaque affaire, il contrôle la qualité et la rigueur de la procédure. Il décide au final de l'orientation : il peut « classer » s'il estime que l'affaire ne tient pas ou par opportunité; il peut engager des poursuites à l'encontre des mis en cause ou de certains d'entre eux. Il monte à l'audience pour soutenir l'accusation puis il veille à l'exécution des peines.

Le taux de classement sans suite sec était très important concernant les mineurs (60 % pour les vols et 40 % pour les agressions).

À **compter de 1992,** à loi égale, le parquet s'est donné le pouvoir à décider de conditionner le classement d'une affaire au respect de certaines attitudes. Par exemple, ne pas fréquenter tel lieu, respecter l'obligation scolaire, se soigner, indemniser la victime, réparer etc. Mieux, le procureur assure un suivi auprès des cas dits préoccupants. Il est informé de l'exécution des mesures ordonnées par le juge, spécialement des incidents pouvant entourer la mise en œuvre de certaines réponses pénales. Le parquet est donc sorti du binaire classement-poursuites.

**La boucle est bouclée en 2007 : le parquet devient juge**. La loi a étendu les dispositions instituant la composition pénale qui permettent au parquet de proposer une réponse (par définition judiciaire) à une affaire… sous le contrôle du juge appelé à l'homologuer. La justice à l'américaine étend sa toile d'araignée en France.

Non seulement il met la pression sur le jeune mis en cause en le menaçant de poursuites par sa pratique du classement sous conditions, mais il joue un rôle moteur sur le tempo judiciaire. Il peut faire le déférer le jeune devant un juge en sortant de la garde à vue. Il peut faire délivrer une convocation par officier de police judiciaire (COPJ), pour mise en examen devant tel juge des enfants ou jugement devant le TPE ; il peut requérir le renvoi à bref délai d'un jeune devant le TPE ou le TCM pour y être jugé, et bien évidemment saisir le TPE d'une procédure de présentation immédiate afin d'obtenir une condamnation rapide à une peine. Il est devenu un acteur majeur dans le traitement même des jeunes délinquants par le suivi qu'il assume des cas préoccupants. On lui reproche parfois son activisme judiciaire peut soucieux de la mise en œuvre réelle des décisions qu'il obtient.

Il a par ailleurs un rôle majeur en dehors de la juridiction. Interlocuteur des autorités politiques et de la population, il noue le dialogue, prend des engagements pour le compte de la justice. Indéniablement le parquet donne la tonicité à la juridiction.

3° **Contre-preuve** : il n'y a pas de juge délégué à la liberté et à la détention (JLD) spécialisé « mineurs ».

Depuis 2000, un juge est délégué à la liberté et à la détention. Si le juge en charge de l'instruction peut remettre en liberté une personne, *a priori*, seul un JLD peut incarcérer. Ce JLD a vocation à se prononcer sur l'incarcération provisoire des personnes faisant l'objet d'une instruction[1]. Pour lutter contre la détention provisoire prolifique, le législateur a dissocié les fonctions d'instruction de la responsabilité de décider de l'incarcération provisoire.

Le même JLD est compétent pour les majeurs et les mineurs. L'accroc à la spécificité « enfants » est majeur.

Paradoxe apparent : certains de ces magistrats non spécialisés dans les affaires de mineurs ont une peur répulsive à l'idée d'incarcérer des mineurs ; d'où l'importance pour le parquet de bien suivre le tableau de roulement de la juridiction et de choisir la voie de la procédure de présentation immédiate (PPI) dans certains cas pour obtenir un mandat de dépôt.

1. Dans le cadre d'une PPI du mineur devant le TPE pour y être jugé, c'est le juge des enfants qui se prononcera sur l'incarcération provisoire en attendant l'audience à laquelle est renvoyé le jeune prévenu.

## D. La justice pénale déconstruite ?

On a reproché au juge des enfants d'être trop préoccupé par les enfants en danger et en matière pénale de trop en faire. Donc au final d'être trop proche du jeune qu'il suit. Cette proximité ne favorisait-elle pas le laxisme ? On a eu le souci de faire intervenir d'autres magistrats le parquet, le TCM, le JLD, etc.

**Juge partial certes, mais est-ce vraiment un défaut ?** On a cru trouver la faille dans le fait que le même juge instruisait et jugeait, et désormais suivait l'application des peines. On a pu parler d'hérésie juridique : la neutralité du juge de jugement ne veut-elle qu'il ne doit pas avoir connu l'affaire avant ? Deux décisions : l'une de 1993[1], l'autre de 2010[2] de la Cour européenne des droits de l'Homme avait rassuré : il n'y avait pas là atteinte au

1. CEDH 24 août 1993, *Nortier c/ Pays-Bas* (requête nº 13924/88).

2. 2 mars 2010, *Adamkiewiecz c/Pologne* : un jeune de 15 ans et demi ayant tué un adolescent et avoué sans difficulté son crime avait été renvoyé devant le tribunal pour enfants présidé par le juge aux affaires familiales qui lors de l'instruction l'affaire avait mis de sérieux obstacles à l'avocat et aux parents qui souhaiteraient rencontré le jeune criminel. La Cour censure ces atteintes aux droits de la défense mais insiste à démontrer que pour autant le juge n'était pas impartial au moment de juger.

principe d'impartialité posé par l'article 6 de la CIDH.

Pour sa part, le 7 avril 1993, la Cour de cassation avait fort heureusement refusé de mettre à bas le système à la française en sachant qu'entre-temps le juge des enfants avait été chargé de protéger les enfants en danger et à ce titre avait déjà pu connaître du même jeune.

Saisi d'une question prioritaire constitutionnelle, le Conseil constitutionnel a créé l'événement en 2011. Dans sa décision *M. Tarek* (nº 2011-147, QPC, du 8 juill. 2011), le Conseil admet que le juge des enfants, en cabinet, puisse prendre des mesures éducatives concernant le jeune après avoir instruit l'affaire s'il le tient pour coupable. En revanche, il tient pour anticonstitutionnel le fait que ce magistrat soit en situation de prononcer des peines devant le tribunal pour enfants à l'encontre d'un jeune sur lequel il a instruit. Il faudra donc trouver un autre juge des enfants pour présider cette juridiction, et on l'a dit pour siéger au tribunal correctionnel pour mineurs ! Il assène un véritable coup de poignard à la justice pénale française fondée sur ce continuum dans l'intervention judiciaire gage de cohérence sachant que le même juge peut être saisi à l'encontre du même jeune de différentes procédures au gré de la carrière de ce dernier.

Le Conseil constitutionnel a cédé ici aux sirènes anglo-saxonnes. Il est plus que jamais nécessaire d'affirmer que le juge des enfants peut, sinon doit, être un juge partial. C'est même une garantie pour le jeune qui doit être jugé autant sur sa personnalité (et ses évolutions) que sur ces actes. Bien évidemment, le juge ne doit pas avoir d'a priori sur les faits et le procès doit se dérouler selon les standards de la justice démocratique (contradictoire, défense, recours, etc.), mais le fait que le juge suive le jeune depuis des mois, sinon des années et ait eu l'occasion de mettre en œuvre des démarches éducatives pour lui permettre de décrocher de la délinquance et de s'inscrire dans une démarche de socialisation, est, tout compte fait, un atout pour le jeune.

La justice des mineurs s'est construite sur ce credo depuis 1912. Par sa décision de juillet 2011 (préc.), le Conseil constitutionnel complète donc le détricotage du droit pénal spécial mené année après année depuis 2002 par le législateur, en lui assénant un coup fatal dont normalement elle ne devrait pas se remettre.

La loi Ciotti du 26 décembre 2011 a ouvert une voie de sortie (provisoire?) en exigeant seulement que le juge qui a signé l'ordonnance de renvoi ne préside pas le TPE. Un autre juge sera donc mobilisé pour signer cette ordonnance permettant ainsi au magistrat qui connaît le jeune d'être à l'audience.

On est donc loin du temps où le juge des enfants spécialisé faisait la pluie et le beau temps au tribunal à la satisfaction générale. Le juge des enfants magistrat spécialisé n'est plus en odeur de sainteté; il est tenu pour trop laxiste, compassionnel, compréhensif, hiératique dans ses pratiques.

Y a-t-il aujourd'hui un pilote dans l'avion judiciaire et quel est-il? Certes le juge des enfants reste le personnage-clé de ce dispositif, du traitement initial des poursuites jusqu'à l'exécution de la peine et parfois même au-delà de la majorité, mais force est de constater que nombre de magistrats interviennent et interfèrent sur la prise en charge d'un enfant délinquant. Il est temps de retrouver une cohérence entre ces différentes interventions.

L'instauration dans la loi, pour reprendre une pratique déjà développée dans nombre de juridictions, du dossier de personnalité unique géré au greffe du tribunal pour enfants va dans ce sens.

**Une justice à l'acte tend à se substituer à une justice à la personne.** Dès lors, un magistrat en vaut un autre ! Et pour le Conseil constitutionnel, ce privilège de juridiction se caractérise moins par un juge spécialisé que par l'application de quelques règles spécifiques aux moins de 18 ans : « la nécessité de rechercher le relèvement éducatif et moral des enfants délinquants passe par des mesures adaptées à leur âge et à leur personnalité prononcées par une juridiction spécialisée ou selon des procédures appropriées ».

## Deuxième principe
## *Une responsabilité pénale atténuée*

Contrairement à une opinion largement répandue, en France :

1° l'enfant doué de discernement peut rendre pénalement des comptes pour ses actes. On peut commettre un **délit** ou un **crime** très tôt et relever d'une juridiction ;

2° la loi interdit de recourir à des sanctions avant 13 ans et au-delà recommande aux juges de **privilégier des mesures éducatives** sur les punitions ; priorité ne veut pas dire interdiction ;

3° s'il est possible et nécessaire d'aller vers des **mesures répressives**, la peine encourue sera moindre que celle encourue par un adulte pour des faits identiques[1] : l'enfant pénalement condamnable bénéfice d'une excuse atténuante de minorité. Cette disposition a valeur constitutionnelle.

Le Conseil constitutionnel rappelle régulièrement que la recherche du relèvement éducatif et moral d'un enfant délinquant n'est pas exclusive de l'application d'une peine.

**Le discernement est exigé pour rendre des comptes à la justice des hommes.**

Pour qu'une infraction entraîne condamnation contre quiconque, il faut entre autres une faute ou une intention coupable. Comment rendre des comptes et être puni en étant inconscient de la faute commise ?

Sur le plan juridique, on l'a dit l'enfant dispose d'une capacité civile limitée, mais réelle (cf. *supra*). Il peut engager très tôt sa responsabilité civile sans faute du simple

1. Encourue, mais pas prononcée : dans la même affaire les mineurs peuvent tout compte fait être plus sévèrement punis que les majeurs si la cour d'assises estime que leur comportement ou leur personnalité l'exigent.

fait de l'objet qu'il avait sous sa direction ou son contrôle, par exemple lorsqu'il crève l'œil d'un camarade de jeu à 3 ans (Ass. plén. 9 mai 1984, *Gabillet*). Mais pourra-t-il être condamné pénalement ?

## A. L'absence d'âge préfixe sous lequel on ne peut pas être délinquant

Comme pour n'importe quelle mise en cause pénale le juge doit apprécier si l'enfant avait le discernement le jour des faits. L'adulte est censé avoir le discernement, sauf à démontrer qu'il était pris d'un accès de folie atténuant ou anéantissant son discernement au moment des faits.

La loi ne fixe pas d'âge auquel on acquiert le discernement[1] : on appréciera subjectivement au cas pas cas. Pour laisser leur enfant rentrer seul de l'école et lui donner la clé de la maison les parents évaluent s'il a le discernement : va-t-il ouvrir à n'importe qui ? va-t-il jouer avec le gaz et les allumettes ? Autant

1. Avec les jeunes personnes on parle de l'acquisition du discernement, mais au passage on relèvera qu'en contrepoint avec le vieillissement de la population est posée la question de la perte du discernement. Il n'y a pas d'âge à partir duquel un adulte est censé avoir perdu la raison quand il a fait des « bêtises ». Ne faudrait-il pas s'y atteler ?

d'enfants, autant de réponses. Parfois les magistrats, leur attention étant appelée par le service de police, devront recourir à une expertise comme cela se fait pour toute personne présentée comme n'ayant pas sa tête.

Le droit français ne respecte pas l'ordre international. La Convention des Nations unies sur les droits de l'enfant du 20 novembre 1989 dans son article 40 veut que les États-parties fixent un seuil d'âge sous lequel un jeune ne peut pas être tenu pour délinquant.[1]

**CIDE, art. 40**

[...] 3. Les États parties s'efforcent de promouvoir l'adoption de lois, de procédures, la mise en place d'autorités et d'institutions spécialement conçues pour les enfants suspectés, accusés ou convaincus d'infraction à la loi pénale, et en particulier :

a) D'établir un âge minimum au-dessous duquel les enfants seront présumés n'avoir pas la capacité d'enfreindre la loi pénale [...].

La France a posé une réserve sur cet article.

Traditionnellement, les juges français fixent à l'âge de 7-8 ans – soit somme toute très tôt – l'acquisition du discernement, c'est-

1. En Allemagne, l'âge préfixe pour être poursuivi est établi à 14 ans.

à-dire de la capacité pour l'enfant de comprendre l'interdit et de vouloir le violer et dès lors de commettre un délit. C'est l'âge autour duquel on estime qu'un enfant s'ouvre sur le monde extérieur quand jusque-là il était autocentré.

Avant, les faits qu'il commet et qui pourraient être qualifiés d'infractions, ne peuvent pas lui être imputés devant un tribunal pénal. En revanche, des circonstances de fait du passage à l'acte – pourquoi volait-il à cet âge ? pourquoi était-il à la rue ? – on pourra en induire une situation de danger, et dès lors ouvrir une instance en assistance éducative (C. civ., art. 375 et s.) Il ne sera pas poursuivi devant une juridiction pénale. La victime aura à engager une action civile devant les tribunaux compétents à l'encontre des civilement responsables de l'enfant auteur du dommage.

La loi du 9 septembre 2002 a repris, dans un article 122-8 du Code pénal, la jurisprudence issue de l'arrêt *Laboube* du 13 décembre 1956 sur le discernement[1].

Qui apportera la preuve du discerne-

---

1. Crim.13 déc. 1956, n° 55-05.772 ; J. Pradel et A. Varinard, *Les grands arrêts du droit pénal général*, 8e éd.,Dalloz, 2012, p. 598.

ment ? Le policier, le procureur ou le juge apprécieront au moment d'intervenir si l'enfant dispose au moment des faits du discernement. Ils se référeront à ce qu'il en est communément à son âge, mais aussi à sa personnalité. Parfois la question méritera de s'appuyer sur des expertises psychiatriques, sur une enquête sociale, sur des examens médico-psychologiques et, bien sûr, sur les témoignages. Le juge appréciera.

Comme tout un chacun, l'enfant doué du discernement peut être tenu pour irresponsable si, au moment des faits, il était en état d'aliénation mentale (cf. les affaires de parricide à Belfort et Versailles).

## B. Une responsabilité pénale graduée

Auteur matériel des faits et tenu pour responsable, quelle sera alors la « sanction » judiciaire possible ?

En 2002, les magistrats sont passés du binaire (mesures éducatives et peines) au trinaire avec l'introduction des « sanctions éducatives » à dix ans. Ils disposent désormais d'une échelle de réponses graduées :

– **avant 7-8 ans, seules des mesures éducatives civiles sont possibles** l'irresponsabilité pénale est absolue (cf. *supra*, A) ;

– **à partir de 7-8 ans,** on pourra toujours tenir un jeune qui a commis un acte de délinquance comme un enfant en danger, mais **l'option pénale est ouverte** sans être obligatoire : s'il est poursuivi et condamné **on ne pourra lui « infliger » que des mesures éducatives pénales** (admonestation, liberté surveillée, placement, etc.) ;

– **à partir de 10 ans,** aux possibilités précédentes **s'ajoutent** désormais des sanctions éducatives (interdictions de faire telle chose ou de posséder tel bien, réparation, etc.) ;

– **à 13 ans,** toutes les réponses ouvertes avant 13 ans restant possibles, **s'ouvre le champ des peines** (emprisonnement, amendes ou TIG), mais le jeune retenu coupable bénéficie de l'excuse atténuante de minorité absolue jusqu'à 16 ans même en matière criminelle (v. *infra*, C) ;

– **à partir de 16 ans**, toutes les mesures précédentes restent possibles, mais **le bénéfice de l'excuse atténuante de responsabilité devient relatif** : l'enfant peut être puni comme un majeur.

Ainsi jusqu'à la majorité rien n'empêche le parquet de préférer la voie de la réponse éducative civile à la voie pénale. Le juge des enfants peut lui-même ouvrir un dossier d'assistance éducative en parallèle à l'affaire pénale dont il vient d'être saisi. Constatons qu'ils le font de moins en moins, oubliant ainsi que souvent, avant d'être délinquant, un mineur d'âge est un enfant en danger. Aujourd'hui, pour nombre de magistrats, un jeune de 16 ans doit être d'abord traité comme un délinquant. Pour certains politiques il serait même quasiment un adulte, d'où l'idée d'abaisser la majorité pénale à 16 ans ou de répartir ces compétences sur deux juges afin que le juge des enfants se consacre au pénal.

Les juges n'hésitent pas à prononcer des peines dès 13 ans : 45 % des décisions prises (v. *Les chiffres-clés de la Justice*, ministère de la Justice).

### C. L'excuse atténuante de minorité, principe constitutionnel

À acte égal, l'enfant ne peut pas être puni comme un adulte parce que justement il n'est pas un adulte.

Comme pour tout justiciable, le jeu des circonstances atténuantes peut réduire la peine prononcée. Mais eu égard à son statut d'enfant l'auteur jouit de l'excuse atténuante de minorité : la peine encourue est moitié moindre que celle encourue par un adulte (Ord. de 1945, préc., art. 20, al. 2)[1].

Dans sa décision du 29 août 2002 (*JO* 30 août), le Conseil constitutionnel a élevé l'atténuation de responsabilité pénale en fonction de l'âge au rang de principe fondamental reconnu par les lois de la République. On peut y porter atteinte en en rendant le bénéfice plus difficile, mais on ne peut donc pas la supprimer : les enfants ne peuvent pas être punis comme des majeurs du simple fait de la loi.

Elle est absolue avant 16 ans. On ne peut jamais retirer à un enfant âgé de 13 à 16 ans au moment des faits le bénéfice de cette excuse quelles que soient la nature ou les circonstances du crime ou du délit reproché.

Après 16 ans, l'excuse de minorité devient de plus en plus relative Le jeune peut en perdre le bénéfice. Il encourra alors la même peine qu'un majeur. Par exemple, un jeune de 16-18 ans assassin qui risque vingt ans de réclusion criminelle peut se retrouver en

1. Cette atténuante de minorité n'empêche pas un mineur associé à un majeur dans des actes délictueux ou criminels d'être puni éventuellement plus sévèrement que l'adulte si la juridiction évalue que sa responsabilité est supérieure.

situation d'être condamné à la réclusion criminelle à perpétuité. Mais par le jeu des circonstances atténuantes la juridiction n'est pas obligée de prononcer le maximum de la peine encourue.

Deux cas se présentent.

**1° Les juges peuvent prendre l'initiative de retirer le bénéfice de l'excuse atténuante.** Cette innovation introduite en 1945 a été élargie en 1992 et facilitée depuis. Elle part du constat que certains jeunes peuvent être plus mûrs que leur âge. Cela ressort de leur personnalité et de leur comportement. Après tout, la loi, en fixant à 18 ans la majorité, ne fait qu'avancer une présomption d'immaturité. On doit pouvoir la combattre. Dès lors la juridiction – le tribunal pour enfants ; TCM ou la cour d'assises – par une délibération spéciale peut retirer à l'enfant le bénéfice de l'excuse atténuante de minorité.

Avec la loi n° 92-1336 du 16 décembre 1992 (art. 20-2), ce retrait doit rester exceptionnel, mais désormais peut être aussi justifié par les circonstances de l'espèce. Tout devient possible surtout dans les affaires de violence.

On a reproché aux magistrats de faire un usage parcimonieux du retrait de l'excuse de minorité. **La loi n° 2007-297 du 5 mars 2007 relative à la prévention de la délinquance** n'oblige donc plus à motiver pour les jeunes récidivistes et élargit les cas de retrait. Elle vise :

– l'atteinte volontaire à la vie ou à l'intégrité physique ou psychique de la personne mais à condition qu'ils aient été commis en état de récidive légale ;

– les délits de violences volontaires, d'agression sexuelle, un délit commis avec la circonstance aggravante de violence commis en état de récidive légale. Avec ce dernier cas, arracher un téléphone portable (vol avec violence) en ayant déjà été condamné justifie la perte du bénéfice de l'excuse atténuante de minorité.

**2° À 16 ans, la perte du bénéfice de l'excuse de minorité est le fait de la loi.** La loi n° 2007-1198 du 10 août 2007 retire par principe le bénéfice de l'excuse de minorité aux mineurs de 16-18 ans en situation de double récidive pour avoir été condamné à des peines mais, Conseil constitutionnel oblige, **le juge pourra, par décision motivée, réta-**

**blir le bénéfice de l'excuse de minorité** (Ord. du 2 févr. 1945, préc., art. 20-2).

La tendance lourde est bien de vouloir que les juges traitent comme des adultes les mineurs de plus de 16 ans qui récidivent. Plus fréquemment que par le passé, le parquet demande le retrait du bénéfice de l'excuse atténuante. Souvent en vain[1].

## Troisième principe *« Éduquer plutôt que punir » credo en sursis*

La société s'est convaincue au début du XX^e^ siècle que la délinquance d'un enfant ne peut s'expliquer que par une défaillance éducative. On peut faire le pari – pour le jeune dans l'intérêt général – de rattraper ces défaillances. La carence éducative – à ne pas confondre avec l'absence d'instruction – se

1. La cour d'assises de Bobigny a refusé le retrait de l'excuse de minorité à deux jeunes de 16 ans et demi et 17 ans très avancés qui avaient usé d'un fer à repasser pour faire avouer à une personne âgée son numéro de carte bleue. Ces jeunes ont été plus punis que leurs complices majeurs qui s'étaient refusés à cette attitude, mais sans pour autant être privés de l'excuse atténuante de minorité. La cour estimant que dans leurs excès ils s'étaient comportés comme des enfants, qu'ils devaient être punis comme tels quitte à l'être plus sévèrement que leurs complices.

combat par l'éducation. Tout simplement, le temps – donc la vie – peut aussi faire son office. Cette attitude s'impose d'autant plus qu'on a pu mesurer les limites d'une démarche seulement répressive. Entre l'école du crime et l'éducation normale ou spécialisée, la société a fait son choix, sans assimiler priorité éducative et impunité. D'ailleurs il ne faut pas s'enfermer dans une analyse binaire opposant éducation et répression. En vérité, il n'y a pas d'éducation sans contrainte comme il n'y a pas de contrainte qui n'ait un projet éducatif. Si la tendance moderne est à la répression cette répression entend s'inscrire dans une démarche pédagogique.

La loi autorise le recours à des mesures répressives à défaut d'efficacité des mesures éducatives. Cette orientation capitale fixée par l'article 2 de l'ordonnance du 2 février 1945 (préc.) sur la jeunesse délinquante demeure pertinente. Toute la philosophie de la justice pénale moderne des mineurs s'y trouve.

La loi fixe une orientation de base : l'éducation, mais elle n'ignore pas l'intérêt d'une démarche d'autorité et répressive pour les enfants.

Seuls les moins de 13 ans ne peuvent jamais supporter de peines. Actuellement l'emprisonnement, l'amende, le travail d'intérêt général notamment sont les peines applicables quand l'Ancien Régime infligeait aux mineurs des châtiments corporels sévères et que, jusqu'à la dernière partie du XXe siècle (1972), un mineur pouvait être condamné à mort.

Cette priorité éducative est régulièrement contestée avec vigueur sur l'ensemble de l'échiquier politique. On appelle à plus de fermeté oubliant que d'ores et déjà la loi autorise cette répression et que les juges ne s'en privent pas. Les peines représentent environ 45 % des décisions prononcées par les juridictions pour mineurs. On est loin d'une exception. Plus préoccupant, à la hauteur certainement de l'inquiétude de la population, on raisonne au court terme en oubliant que certaines réponses peuvent produire encore plus de danger social à terme que les problèmes auxquels on entend s'attaquer. À preuve, le taux – 63 % – de réitération des majeurs à la sortie de prison !

Le législateur n'a de cesse depuis 1990 de rogner la liberté de juger des magistrats. Ainsi, avec le dispositif des peines-plancher adopté en 2007. Ces dispositions sur la récidive sont totalement en porte-à-faux par rapport à la réalité de la délinquance juvénile. Par définition, un jeune véritablement inscrit dans une phase délinquance multiplie les passages à l'acte. Les condamnations qui s'imposent rythment le rapport de force entre ce jeune et la société. C'est une tautologie que de parler de récidive ou de réitération pour un vrai délinquant juvénile. Dans ces conditions les dispositions de la loi sur la récidive d'août 2007 sont appelées à produire leur effet dans de nombreuses situations. Le dispositif des peines peines-plancher est applicable aux mineurs. Les cours d'appel doivent surveiller les tribunaux qui tenteraient de s'en abstraire.

Encore faut-il que les juges renvoient devant le TPE où une peine de prison est encourue. La loi les y contraint (par ex. quand un jeune de 16 ans encourt sept ans de prison) et on a multiplié les possibilités pour le parquet de citer directement devant le TPE sans passer par le juge.

Le tribunal peut résister à cette pression et veiller au respect du cap éducatif fixé par le législateur. Par ailleurs, n'oublions pas l'immensité des jeunes délinquants n'ont qu'un ou deux passages à l'acte. Repris en mains par leurs parents ou le groupe social, ils mesurent l'ampleur de leur faute et les dangers qui en découlent; ils rentrent vite dans le rang et on n'entend plus parler d'eux.

D'une manière générale la justice adapte à l'auteur la réponse apportée à un acte de délinquance avec le souci d'une sanction juste, et de contribuer à la non-récidive. Le même acte n'appelle pas systématiquement la même réponse. On tiendra compte notamment de son auteur, de son passé, mais aussi de son évolution depuis le passage à l'acte, des garanties qu'il peut présenter, etc. Certains souhaiteraient inverser cette règle : partir de la victime et négliger l'auteur.

La décision de poursuivre ou de classer sans suite avec ou sans conditions est déjà une manière d'adapter la réponse judiciaire; le juge saisi aura lui aussi à tenir compte de la personnalité du jeune. Des investigations, à caractère social ou personnelles, permettront plus ou moins de comprendre le jeune et d'apprécier son évolution avec le souci d'une certaine cohérence dans l'action, cohérence ne signifiant qu'il ne faille pas adapter en permanence les choix faits.

Par-delà les dossiers qui peuvent se multiplier, une personnalité est prise en charge. La mémoire du tribunal désormais informatisée permet en un instant de retrouver dans un document chronologique l'ensemble des antécédents avec les procédures pénales comme civiles, les décisions intervenues, mais encore les mesures ordonnées.

L'idée a donc émergé de constituer un dossier de personnalité en parallèle aux dossiers pénaux. Il est tenu par le greffe du juge des enfants. Il est généralement accessible au procureur afin de lui éviter de rechercher dans tous les dossiers alors qu'il dispose de peu de temps pour évaluer l'idée de recourir à la procédure de présentation immédiate. Ce dossier de personnalité « parallèle » aux diverses procédures pénales contient copie des documents sur la personne de l'enfant et sur sa famille (expertise, enquête sociale, enquête de personnalité, rapports éducatifs, etc.). Il a été rendu obligatoire par la loi du 10 août 2011 (préc.).

En l'état il ne doit être utilisé que devant les juridictions pour mineurs. À terme, il servira dans tout le parcours judiciaire de l'intéressé. Certains s'en inquiéteront; on peut également penser qu'il jouera à décharge.

## Quatrième principe
## *Une instruction de moins en moins obligatoire*

La justice des mineurs se distingue de la justice des majeurs en ce qu'une phase d'instruction doit obligatoirement précéder le jugement (Ord. du 2 févr. 1945, préc., art. 5).

En 1945, il n'était pas question de flagrant délit car il fallait disposer de temps pour comprendre le jeune et engager le travail éducatif. Le but n'est pas tant de le sanctionner que de veiller à ce qu'il ne recommence pas. La victime elle-même a besoin de temps pour se faire rendre réellement justice.

La durée d'une procédure doit être appréciée au regard de ces considérations. Elle n'est pas un but en soi.

Aujourd'hui le credo est de juger vite pour lutter contre le sentiment d'impunité et juger fort. L'exemple même du faux critère de l'efficacité judiciaire !

Certains entendent aller directement dès la fin de l'enquête de police à la phase de jugement. Le rapport Warsmann[1] est révéla-

1. Commission des lois de l'Assemblée nationale, Rapport d'information n° 911, *Pragmatisme et résultats concrets : pour un coup de jeune à la justice des mineurs*, juin 2008.

teur de cette incompréhension de ce qu'est la justice pénale des mineurs. Le fait qu'il faille en moyenne treize mois pour qu'une requête pénale se termine par un jugement est présenté comme dysfonctionnement judiciaire alors que ce temps a été mis à profit pour faire en sorte que le jeune, ne soit plus délinquant au bout de ces treize mois.

Sur cette question apparemment technique se joue toute la philosophie qui doit éclairer la justice pénale des enfants : une justice distributive de sanctions dont on attend qu'elles soient dissuasives ou une jus-tice réparatrice d'une personne en difficulté par-delà la responsabilité de son acte à assumer.

Au fil des réformes, les coups de griffe se multiplient à l'encontre du principe fondamental posé par l'article 5 de l'ordonnance du 2 février 1945 qui n'a pas reçu explicitement le label de constitutionnalité. Il s'agit dans l'avenir d'offrir au parquet la possibilité de saisir directement toutes les juridictions de jugement.

Parmi les **accrocs majeurs** :

– l'introduction de la convocation par officier de police judiciaire (COPJ) devant le TPE en 2011 ;

– la procédure de présentation immédiate (PPI) introduit *de facto* le flagrant délit des mineurs.

Initialement appelée **procédure jugement à délai rapproché** par la loi de 2004 (Ord. de 1945, art. 14-2), elle permet au procureur de renvoyer directement pour jugement – avec prison à la clé – devant le TPE sans passer par la case juge de l'instruction. Le parquet reçoit le jeune au sortir de la garde à vue, lui notifie les charges et lui donne une date de jugement et il demande au JE les mesures d'ordre public (contrôle judiciaire ou incarcération) qui lui paraissent nécessaires.

Le jeune de plus de 13 ans sera jugé dans un délai qui ne peut pas être inférieur à un mois s'il a plus de 16 ans, deux mois s'il a moins de 16 ans.

Cette procédure vise les jeunes déjà connus de la juridiction – pas nécessairement condamnés – pour lesquels les faits reprochés sont clairs et donc en état d'être jugés.

Concrètement, on entend l'appliquer aux jeunes qui échappant à toute prise en charge éducative réelle, sont dans la réitération chronique d'actes préoccupants. Le parquet aura le souci certes d'une peine pour marquer un coup d'arrêt, mais pourquoi pas pour partie avec mise l'épreuve afin d'avoir prise sur le jeune. Cette procédure exceptionnelle nous place à une encablure du flagrant délit pour les mineurs. La loi du 11 août 2011 a accentué cette tendance puisqu'il n'est même plus exigé que le tribunal dispose de rapports éducatifs datés de moins d'un an s'il demande la césure du procès pénal.

Le maniement de cette procédure est délicat et pourrait déstabiliser la juridiction, sinon la justice des mineurs, si elle se généralisait.

Elle est applicable uniquement en matière délictuelle :

– **aux mineurs de plus de 16 ans** qui encourent une peine d'emprisonnement supérieure ou égale à un an en cas de flagrance, ou supérieure ou égale à trois ans dans les autres cas, donc jusqu'aux faits permettant d'encourir dix ans, tels le vol, avec quatre circonstances aggravantes (par ex. vol d'un portable avec violence en réunion dans un lieu de transports publics) ;

– **aux mineurs de 13 à 16 ans,** à condition que la peine encourue soit d'au moins cinq ans d'emprisonnement, sans qu'elle puisse excéder sept ans.

Il faudra prendre des mesures provisoires. Le JE sera mobilisé à cet effet au sortir de bureau du procureur (v. *infra*).

*A priori*, le délai de présentation devant le tribunal doit être d'au moins dix jours, mais le jeune, son avocat et les parents peuvent y renoncer… dans l'intérêt du jeune. Un mineur peut très bien avoir commis un délit le vendredi soir, avoir été arrêté dans la nuit de vendredi à samedi et le lundi après-midi se retrouver à être jugé et condamné à une peine ferme par le TPE quelques heures seulement après avoir vu le procureur.

Pour se passer de la phase de l'instruction Il convient donc que les faits ne soient pas contestés et qu'ils n'appellent pas à des investigations complémentaires. À défaut, profitant de la confusion qui s'installerait, la défense ne manquerait pas de demander un renvoi avec complément d'enquête. Le tribunal pourrait simplement renvoyer le parquet à mieux se pourvoir.

Le parquet se doit aussi de réunir à l'attention du tribunal les éléments que la loi exige (encore) pour apprécier la personnalité du jeune. Il ira les rechercher avec l'aide de son greffe au cabinet du juge compétent.

La tâche lui sera facilitée si le greffier du juge des enfants a ouvert un dossier personnel pour les jeunes dits multiréitérants de façon à bien suivre leur itinéraire et leur prise en charge.

La loi du 11 août 2011 en créant le TCM a notablement réduit le champ de la procédure de présentation immédiate, sans nécessairement se rendre compte qu'il détricotait d'une main ce qu'il avait construit lui-même peu de temps avant. Deux raisons techniques vont dans ce sens :

1° Le cœur de cible de la PPI – les plus de 16 ans multirécidivistes encourant une peine délictuelle de trois ans au moins – relèvent obligatoirement du TCM. Désormais ces mineurs doivent faire l'objet d'une instruction obligatoire et d'une saisine du juge délégué à la liberté et à la détention (JLD) pour une éventuelle détention provisoire en attendant leur jugement. Sauf à oublier l'état de récidive et les renvoyer comme jusqu'ici devant le TPE !

2° Il faut désormais verser au dossier un rapport d'investigation sur la personne datant de moins d'un an. Les dossiers des jeunes multirécidivistes foisonnent certes de rapports éducatifs, mais les investigations, type expertise, mesure d'investigation et d'orientation éducative, datés de moins d'un an peuvent manquer.

Là encore, il va falloir attendre de ce qu'il va advenir du TCM pour tenter d'apprécier l'avenir de la PPI.

• **Autre accroc : la composition pénale,** qui voit le procureur proposer une « sanction » au juge (C. pr. pén., art. 41-2 et 41-3), a été étendue aux mineurs de plus de 13 ans (Ord. de 1945, art. 7-2) contrairement à l'engagement pris en 2005 en étendant cette procédure originale et aberrante au regard du droit français aux mineurs.

Il faut l'accord du jeune, mais aussi celui de ses parents, sur cette proposition avancée par le procureur.

Le juge des enfants est appelé à valider cette composition pénale avancée par le procureur. On marche sur la tête : le procureur juge ; le juge contrôle.

• **Encore un accroc au principe de l'instruction obligatoire avec la citation directe devant le TPE.** Cette disposition a été finalement introduite dans la loi du 10 août 2011. Le législateur (Ord. de 1945, art. 8-3, nouv.) a tenu compte des conditions posées par le Conseil constitutionnel en mars 2011 :

– **avoir plus de 13 ans,**

– encourir cinq ans pour les 13-16 ans (vol aggravé par une circonstance) et trois ans pour les plus de 16 ans (vol simple),

– avoir été condamné ou être l'objet d'une autre procédure en cours,

– disposer des informations sur la personnalité du jeune datant de moins de douze mois le fondement de l'article 8 de l'ordonnance de 1945, sauf si le jeune y a mis de la mauvaise volonté.

La loi du 11 août 2011 et sa circulaire d'application[1] excluent les éléments issus du dossier d'assistance éducative, mais aussi les rapports de liberté surveillée, de contrôle judiciaire ou de mise à l'épreuve.

On peut passer outre à cette exigence :

– si l'intéressé a mis lui-même obstacles au recueil de ces informations éducatives en ne répondant pas aux convocations des services éducatifs mandatés,

– si le parquet requiert la césure du procès pénal : le juge se prononce rapidement sur la culpabilité et remet à plus tard le prononcé de la sanction.

1. Circ. CRIM 2011-23/EB du 11 août 2011 (*BOMJL* n° 2011-08).

On n'a donc eu de cesse dans la dernière période d'accélérer le cours de la justice en se passant de l'instruction pour obtenir une condamnation quitte à ce que cette décision emporte des mesures éducatives qui s'exerceront ainsi avec le levier de la contrainte. On ne croit plus au social sans contrainte.

## Cinquième principe
## *Des parents mobilisés*

Combien de fois a-t-on entonné le chant de la démission parentale pour expliquer les comportements asociaux des enfants ? Personne ne négligera le rôle des parents pour socialiser les plus jeunes et leur inciter à ne pas franchir la ligne blanche de la légalité. De là à les tenir en tous cas pour responsables de tout il y a une marge. La meilleure éducation du monde n'empêche pas des actes délictueux. Dans tous les milieux sociaux.

Il est des parents démissionnaires, mais surtout des parents qui n'en peuvent mais à un certain moment devant un enfant qui leur échappe. Nombre n'hésitent plus à le dire et à demander de l'aide. Souvent, en grande difficulté pour gérer leurs problèmes personnels ils ne peuvent se consacrer comme il le faudrait à leurs responsabilités parentales. D'autres profitent de la délinquance de leur enfant : ils ne s'interrogent pas trop sur l'origine de l'argent ou de certains biens en possession de leur progéniture, surtout si eux-mêmes sont en difficulté. Comme ces enfants qui paient en liquide la visite du médecin alors que les parents n'ont pas le sou ! Sauf dans certaines formes de délinquance organisée qui relèvent de la petite, voire de la grande industrie, les parents ne sont pas donneurs d'ordre.

Les idées ne manquent pas pour combattre cette pseudo-démission parentale, cause de tous les maux. On imagine des sanctions au portefeuille (participation aux frais de placement, retrait des allocations familiales sachant qu'ils sont déjà civilement responsables de leur enfant), mais aussi des stages d'éducation. On a même songé à engager la responsabilité pénale des parents du fait de l'enfant qui refuserait de répondre aux injonctions judiciaires. Certains proposent de revenir à la vieille recette du XIX^e^ siècle : le retrait de l'autorité parentale complété par l'adoption de l'enfant par une famille… saine !

D'ores et déjà si l'action éducative est engagée en priorité vers l'enfant, d'aucune manière les parents sont négligés dans leur rôle. Mieux, plus que jamais, la justice et les travailleurs sociaux réalisent l'importance d'une mobilisation parentale car le jeune ne rompra que rarement avec les siens et son histoire. En cas de séparation les deux parents seront mobilisés.

Jusqu'à une période récente, le JE, voire le procureur, n'hésitaient pas en parallèle aux dossiers pénaux à l'encontre d'un jeune à ouvrir un dossier d'assistance éducative fondé sur les articles 375 et suivants du Code civil (cf. *supra*). On préfère aujourd'hui le Code pénal pur et dur avec des poursuites pour non-exercice de l'autorité parentale.

L'ordonnance du 2 février 1945 fait une place aux parents ou aux tuteurs ou personnes ayant la garde du mineur. Ils ont des droits et des devoirs. Le juge des enfants et les éducateurs auront intérêt à ne pas les négliger alors que le jeune est déjà porté à le faire ou à les dissuader d'être présents à l'audience : « Mes bêtises, c'est mon problème à moi ». Il faut alors encore plus veiller à les impliquer dans les mesures éducatives à prendre.

**Les parents ont des droits…**

Les parents doivent être informés :

– de l'interpellation de leur enfant, par les policiers *a fortiori* de sa mise en retenue ou en garde à vue (Ord. de 1945, art. 4, II) où ils pourront le visiter ;

– des suites données par le parquet (classement sans suite sec ou sous condition) ; poursuites (art. 10, al. 2) ;

– de toutes les mesures concernant leur enfant, prises par le juge de l'instruction ou la juridiction de jugement.

Les deux parents doivent être obligatoirement convoqués pour chaque audition de leur enfant par le juge chargé de l'instruction (art. 10, al 2), pour la notification du contrôle judiciaire (art. 10-2, II), pour l'audience de jugement, pour la mise en œuvre de certaines sanctions comme le travail d'intérêt général (TIG) ou la réparation

Ils exercent les droits relatifs à l'autorité parentale :

– donner leur accord aux mesures préconisées par le parquet dans le cadre d'un classement sans suite du 2° au 5° de l'article 14-1 du Code de procédure pénale ;

– choisir l'avocat de leur enfant ou demandent qu'il lui en soit désigné (Ord. de 1945, art. 4, IV et 4-1) ;

– consentir à une mesure de réparation prise par le parquet en alternative à des poursuites et émettre des observations en cas de jugement (Ord. de 1945, art. 12-1) ;

– s'opposer à une présentation immédiate devant la juridiction des mineurs même acceptée par l'enfant et son avocat ;

– consentir au placement de l'enfant sous surveillance électronique (C. pr. pén., art. 723-7, al. 1er) ;

– disposer des droits prévus par la loi du 2 janvier 2002 sur la prise en charge de l'enfant dans une structure éducative (maintien des liens, information sur les droits, remise d'une documentation, etc.) ;

– demander la mainlevée du placement (Ord. de 1945, art. 27) ;

– faire appel des décisions au nom de l'enfant (Ord. de 1945, art. 24) ;

– visiter leur enfant en détention.

**… ils ont aussi des charges**

L'arsenal juridique pour faciliter la mobilisation des parents est déjà conséquent. Il a encore été renforcé en 2011. Preuve que si des problèmes existent, ils appellent désormais des réponses plus sociales que pénales.

Parmi les sanctions possibles à l'encontre des parents :

– une amende civile de 3750 euros s'ils ne déférent pas ;

– une contribution aux frais de placement ;

– une suspension des allocations familiales en cas de placement en centre éducatif fermé (Ord. de 1945, art. 34) ;

– des poursuites pénales sanctionnent les parents qui se soustraient à leurs obligations légales à l'égard de leur enfant mineur au point de compromettre leur santé, leur sécurité, leur mortalité ou leur éducation (C. pén., art. 227-17).

Chaque année une centaine de parents sont poursuivis et un peu plus d'une dizaine condamnés à des peines fermes. Comment restaurer aux yeux de l'enfant une autorité parentale défaillante en faisant de son parent… un délinquant ? Des alternatives aux poursuites pénales se développent : les parents participent à des stages éducatifs pour éviter la correctionnelle.

**La loi d'août 2011 a introduit de nouvelles dispositions pour les mobiliser** :

– les juges peuvent amener à comparaître *manu militari* les parents défaillants à l'audience (Ord. du 2 févr. 1945, art. 10-1);

– les sanctions encourues pour défaillance sont renforcées : l'article 7-1 de l'ordonnance du 2 février 1945 (préc.) est complété par une phrase ainsi rédigée : « D'une amende civile prévue initialement on passe à sanction pénale inscrite au casier judiciaire national »;

– le JE et tribunal peuvent ordonner un stage de responsabilité parentale;

– les parents qui ne répondraient pas aux convocations du procureur dans le cadre des procédures d'alternatives aux poursuites peuvent également être poursuivis devant le tribunal correctionnel et condamnés (art. 7-1);

– les mesures adoptées sont dans le registre de la symbolique plus que de l'opérationnalité.

La loi n° 2006-396 du 31 mars 2006, dite « loi pour l'égalité des chances », a autorisé des stages de parentalité. Par ailleurs, la loi n° 2007-297 du 5 mars 2007, dite « loi prévention de la délinquance », donne la possibilité aux maires de créer un Conseil des droits et devoirs des parents et de décider également de stages de parentalité. Au point où il devient très difficile aujourd'hui de s'y retrouver entre les mesures que peuvent prendre le maire, le président du Conseil général, le procureur ou le juge qui visent toutes à travers ces stages à apprendre, en quelques jours, aux géniteurs à être parents. Le temps est sans doute venu de politique familiale locale qui ait le souci de venir en aide aux parents en difficulté.

## Sixième principe
## *La défense obligatoire*

La défense devant les juridictions pour mineurs est *a priori* obligatoire y compris en cabinet, sauf devant le tribunal de police ou le juge de proximité.

Un jeune ou ses parents peuvent faire le choix d'un avocat. À défaut il lui sera désigné un avocat par le bâtonnier à la demande du tribunal.

Reste à veiller à ce que le même avocat intervienne sur l'ensemble des procédures d'un mineur pour assurer une continuité sur la durée dans la défense.

## Septième principe
## *L'enfant est associé au processus judiciaire*

L'enfant doit être présent et partie prenante de toutes les phases du processus judiciaire. Cela se comprend aisément dès lors que le projet est de mettre ce processus au service d'un changement de comportement de l'enfant. Il faut donc qu'il soit personnellement mobilisé. Une admonestation par défaut apparaît d'entrée de jeu comme un coup d'épée dans l'eau.

Le juge peut dispenser le jeune d'être présent dans certaines circonstances. À l'audience du tribunal pour enfants ou de la cour d'assises on peut lui demander de sortir quelques instants le temps d'évoquer telle ou telle séquence de la vie familiale ou la restitution d'une expertise. C'est très exceptionnel. Le juge peut également dispenser un jeune de comparaître, par exemple pour ne pas compromettre tel examen ou du fait que les parents ont jugé opportun de l'envoyer un temps « au pays ».

Nombre de jeunes prennent l'initiative de ne pas se présenter devant leur juge. il faut aller les chercher. Durant l'instruction ils peuvent faire alors l'objet d'un mandat d'amener : la police ira les interpeller pour les présenter au juge. Devant le tribunal ou même devant le juge des enfants s'il y a eu citation, ils pourront être jugés par défaut s'ils ne se présentent pas. Interpellés, ils pourront faire opposition pour être rejugés en leur présence. S'ils ne se présentent pas à la nouvelle audience la condamnation sera automatiquement acquise. Il ne leur restera qu'à faire appel.

## § 3. Quels sont les acteurs de cette justice pénale ?

### A. Plusieurs magistrats

Magistrat du siège spécialement affecté et dédié à ces fonctions, le juge des enfants est de plus en plus fréquemment appelé à exercer d'autres fonctions dans la juridiction. Parfois dans les petits tribunaux il est multi-fonctions.

Le procureur de la République et ses substituts tiennent désormais un rôle majeur dans la justice pénale des enfants. Ils traitent directement en moyenne 65 % des cas. Généralement des substituts sont spécialement affectés aux mineurs. De jour comme de nuit, 365 jours l'an, ils assurent de permanence.

Juge du siège, habilité pour instruire les procédures de mineurs auteurs, le juge d'instruction a la charge de soulager le juge des enfants des cas les plus lourds notamment criminels. Il a exactement les mêmes pouvoirs que le juge des enfants à la différence près qu'il ne peut qu'instruire. Un autre juge d'instruction est dédié aux enfants victimes.

Le juge de la détention et des libertés (JLD), vice-président du TGI, se prononce sur l'incarcération provisoire des mineurs. Aucun n'est spécialisé « mineurs ».

## B. Les services de police

Jusqu'à 1997, seule la police nationale s'était dotée d'une spécialisation « mineurs ». En septembre 1997, la gendarmerie a lancé un premier train de brigades de prévention de la délinquance juvénile.

Outre une meilleure efficacité policière sur la prévention de la délinquance et l'interpellation des délinquants, on visait à nouer d'autres rapports entre les jeunes et la police quand « l'image de cette institution se dégrade au cours de l'adolescence. Les jeunes s'estiment de moins et moins protégés et de plus en plus menacés au fur et à mesure qu'ils grandissent, surtout dans les quartiers les plus difficiles où la sur-délinquance rend ces derniers plus agressifs »[1].

Les réserves à l'égard de la police, moins à l'égard de la gendarmerie, demeurent bien ancrées malgré le partenariat développé depuis des années entre les institutions, notamment entre les forces de police et l'éducation nationale.

Il faut également compter avec **les polices municipales** éventuellement armées sur autorisation du préfet. Elles ont mission de veiller à l'exécution des arrêtés du maire et servent d'appoint aux forces de police nationale quand elles ne les substituent pas faute d'effectifs suffisants !

Parmi les policiers, on distingue :

**1° les OPJ** (officiers de police judiciaire) chargés de constater les infractions à la loi pénale. Ils doivent en dresser procès-verbal, identifier l'auteur, l'interpeller et rassembler des preuves. Ils reçoivent les plaintes et les dénonciations, ils procèdent aux

---

1. S. Roché, *Enquête sur la délinquance auto-déclarée des jeunes*, ronéo, Cerat, juin 2000.

enquêtes (C. pr. pén., art. 14 et 17), qu'ils transmettront au final au parquet. Entre-temps ils ont l'obligation d'informer sans délai le parquet des infractions dont ils sont connaissance (C. pr. pén., art. 19). Ils décident de la garde à vue ;

**2° les APJ** (agents de police judiciaire) secondent les OPJ. L'OPJ garantit la rigueur juridique de leurs actes. Ils peuvent effectuer des saisies, des perquisitions ou des fouilles de véhicule et tous actes d'enquête délégués par l'OPJ avec lequel ils travaillent.

Devant la montée de la délinquance et la pénurie de personnels la qualification d'OPJ a été largement attribuée dans la dernière période :

– sont OPJ les officiers et gradés de la gendarmerie nationale, ainsi que les commissaires de police et fonctionnaires du corps de commandement de la police nationale. Les maires et leurs adjoints ont également cette compétence (C. pr. pén., art. 16). Le procureur de la République a tous les pouvoirs d'OPJ (C. pr. pén., art. 41) ;

– sont APJ les policiers et les gendarmes, non OPJ.

Deux institutions cohabitent :

**1° La police nationale**

Il n'y a pas une police pénale spécifique aux mineurs, mais des services spécialisés de police s'occupent des procédures (civiles, parfois pénales) concernant les enfants. En octobre 2010, les brigades locales de protection de la famille (BLPF) ont remplacé les brigades des mineurs (BM). Ces services (soixante-huit) ont la charge de la lutte contre les violences intrafamiliales. En leur sein un groupe « mineurs » est essentiellement axé sur les enfants victimes, mais il peut avoir à connaître d'affaires pénales commises par des mineurs si ceux-ci sont très jeunes ou si les faits sont très graves.

Dans les commissariats, un ou deux fonctionnaires sont affectés aux affaires concernant des enfants, victimes ou auteurs de délits ou de sévices. Les services régionaux de police judiciaire qui interviennent sur les affaires les plus graves ne sont pas spécialisés pour les mineurs auteurs ou victimes.

**2° La gendarmerie nationale**

Par-delà les brigades de gendarmerie départementale, qui ne sont pas des institutions réservées aux majeurs, en 2012 on dénombre quarante-deux brigades de prévention de la délinquance juvénile (BPDJ). Tous les gendarmes sont volontaires pour des missions présentées comme plus éducatives que répressives car malgré l'intitulé de leurs brigades les gendarmes se consacrent aux enfants victimes comme aux enfants délinquants.

## C. Les services éducatifs

La protection judiciaire de la jeunesse (PJJ), administration dépendant du ministère de la Justice a deux missions :

– apporter aux tribunaux les **moyens éducatifs** qui leur sont nécessaires et de prendre directement en charge certaines situations ; la PJJ habilite également des associations à accomplir certaines missions ;

– s'inscrire dans le travail de **prévention de la délinquance** développée au plan départemental et contribue à la politique de protection de l'enfance dans le département ; à ce titre, elle doit mener des actions territorialisées ou en direction de publics spécialisés.

Avec quelque 6 500 fonctionnaires et un budget modeste – 700 millions d'euros – elle reste somme toute une petite administration quand l'ASE pèse au plan national 6,2 milliards d'euros.

**Le secteur public de la PJJ** est désormais organisé en inter-régions et en structures territoriales par-delà les départements. Elle a vocation à prendre en charge les situations confiées par les juges des enfants, aussi bien les enfants dits délinquants que les enfants dits en danger, sachant que souvent ce sont les mêmes.

Fortement contestée ces trois dernières décennies, la PJJ a dû engager une métamorphose en se recentrant sur la mission prioritaire assignée par des pouvoirs publics, à savoir la lutte contre la récidive. Elle a décidé de se désengager de l'enfance en danger, sauf les mesures d'investigation et des jeunes majeurs qui lui coûtaient très cher. Ce mouvement a été mené contre le point de vue des magistrats. Les textes n'ont pas été changés, mais les moyens ont été redéployés.

Malgré son recentrage au pénal et des moyens augmentés, mais concentrés sur les structures contenantes (centre éducatif fermé – CEF – et prisons), la PJJ est en difficulté pour tenir ses missions de base. Il faut en moyenne nationale plusieurs semaines pour qu'une mesure décidée par le juge soit réellement assumée. Le même éducateur suit vingt-cinq jeunes ; l'objectif « aucun jeune sans activité » n'est pas tenu.

Elle dispose de structures pluridisciplinaires qui visent à évaluer les situations et à suivre les jeunes qui vivent chez eux. D'autres hébergent des jeunes sur une durée plus ou moins longue. Ces structures plus contenantes (des CEF), même si l'essentiel est géré par le secteur associatif, des CER (centrés éducatifs renforcé) et des UHD (unité d'hébergement diversifié), hérités des foyers plus classiques.

La PJJ assume une permanence éducative dans les tribunaux auprès des juges des enfants, des juges d'instruction et du parquet et que désormais elle est présente dans les établissements pénitentiaires. Au 1er janvier 2011, la PJJ publique était forte de six cent vingt-six unités. Elle revendique une capacité d'accueil physique de mille neuf cent jeunes. Même si l'effort est indéniable depuis 1998 pour renforcer la PJJ, on reste loin du compte au regard des besoins.

Le secteur associatif habilité assume l'essentiel de la prise en charge. Il dispose également de structures d'évaluation fonctionnant aussi bien pour les enfants délinquants qu'en danger.

Des établissements, classiques ou plus contenants sont mobilisés pour venir en aide aux magistrats. L'ASE elle-même, aux termes de l'ordonnance de 1945, peut se voir confier des mineurs délinquants. On l'oublierait presque.

## D. L'administration pénitentiaire

Chaque année, en France, environ quatre mille mineurs d'âge connaissent la prison. Quotidiennement, environ sept cents jeunes y séjournent (sept cent quinze au 1er mars 2012), moins souvent en détention provisoire que par le passé (72 % en 2001, 53 % en 2010).

Les dispositions récentes (peines plancher, retrait plus facile du bénéfice de l'excuse atténuante de minorité, création du tribunal correction pour mineur) doivent multiplier les peines prononcées.

La classe gouvernante, de droite comme de gauche, comme l'opinion, n'est pas objectivement pro-prison. Ainsi on imaginait en 2002 que la création des centres éducatifs fermés, mesure phare de la lutte contre l'insécurité causée par les mineurs, interviendrait comme alternative au dispositif carcéral classique. Il fallut vite admettre que ces centres s'ajoutent, et non pas se substituent, aux quartiers pénitentiaires pour mineurs.

**Qu'attendre de la privation de liberté ?**

L'incarcération des mineurs, détention provisoire ou peine, ne s'entend plus uniquement d'une mise à l'écart et d'un gardiennage. L'Administration pénitentiaire (AP) a pour mission de faire comprendre la décision judiciaire et de préparer la sortie. Elle inscrit son action dans la prévention de la récidive. D'où le souci d'éviter une rupture d'avec la famille, la volonté d'une r(é)inscription scolaire, le souhait d'un accompagnement personnel du jeune en liaison avec son référent éducatif, etc.

Deux décrets du 9 mai 2007 précisent que ce temps – en moyenne deux mois s'agissant essentiellement d'incarcérations provisoires – doit désormais être un parcours ponctué par des étapes, y compris, des phases de régression, en fonction de l'évolution du jeune. De l'accueil jusqu'à sa libération, il convient donc de lui offrir un accompagnement personnalisé, et déjà d'éviter la situation d'abandon dans laquelle le jeune pourrait (apparemment) se complaire ou s'enfoncer.

Reste une question-clé : la majorité pénitentiaire est fixée à 21 ans quand les majorités pénale et civile sont à 18 ans. Résultat : des mineurs de 14 ans peuvent être incarcérés avec des jeunes délinquants de 20 ans !

Peu de jeunes filles sont incarcérées : 5 % des mineurs détenus et 0,05 % de la population pénale. Leur faible nombre – en moyenne une trentaine au 1er de chaque mois – pose un sérieux problème d'organisation à l'AP pour respecter la loi. *A priori,* « les détenues mineures sont hébergées dans les unités prévues à cet effet sous la surveillance de personnels de leur sexe » (C. pr. pén., art. R. 57-9-12 ; Décr. du 9 mai 2007). Elles peuvent être incarcérées dans les maisons d'arrêt pour femmes (75 % des cas), mais aussi en EPM.

**Quel avenir à la prison ?**

De notoriété publique, les prisons françaises ne sont pas la gloire de la République (cf. les rapports parlementaires de 2000).

Pour la loi du 9 septembre 2002, les mineurs de 13 à 16 ans ne peuvent être incarcérés que dans des établissements garantissant la présence d'éducateurs. La protection judiciaire de la jeunesse devait réinvestir la détention et y installer ses unités éducatives (MEMA), malgré la farouche opposition de nombre de ses fonctionnaires qui contestaient qu'il puisse y avoir un travail éducatif en détention.

Tout dépend de ce que l'on entend par « éducation ». Il ne faut déjà pas confondre éducation et scolarisation. Il est des miracles que la prison ne peut pas accomplir sans qu'il y ait eu auparavant un temps de reconstruction et de réconciliation avec soi et les autres. Un jeune détenu doit déjà retrouver confiance en la vie et en les adultes. Cela passe d'abord par du relationnel.

Se préoccuper un peu de soi et de son corps, respecter son environnement (sa cellule) ou les autres, adultes ou pas, tout simplement se coucher et se lever à une certaine heure, tout cela et bien d'autres actes de la vie quotidienne à apprendre ou réapprendre peut participer d'une démarche éducative. Et la prison demeure un lieu artificiel qui à ses règles qui ne sont pas celles de la vie courante; elle permet difficilement de s'inscrire dans la normalité. On apprend difficilement la vie dans un lieu coupé de la vraie vie. Il faut donc cibler l'objectif éducatif que l'on s'assigne.

Avec raison, l'AP et la PJJ ne devaient pas céder devant cette résistance initiale aujourd'hui apaisée.

Il a alors aussi été décidé en 2002 de bâtir de nouveaux centres de détention spécialisés pour mineurs : les établissements pénitentiaires pour mineurs (EPM). Sept ont été projetés[1], seulement six ont ouvert à partir de 2007, avec trois cent soixante places disponibles.

Dans le même temps, a été développé le programme des centres éducatifs fermés (CEF) pour offrir une alternative à l'incarcération en proposant des structures « contenantes » non pénitentiaires.

Pourtant nul ne songe à renoncer à la prison pour les enfants. Un CEF ne permet pas de s'assurer de la personne du mineur pour éviter qu'il disparaisse ou tout simplement qu'il réitère; (initialement) il n'y exécute pas une peine. On aura encore besoin de prisons, mais on doit y recourir exceptionnellement, limiter le temps de présence; avoir le souci de ne pas plonger les jeunes dans une promiscuité dangereuse, ne plus les y laisser oisifs, etc.

1. Lavaur (Tarn), Meyzieu (Rhône), Marseille (Bouches-du-Rhône), Meaux (Seine-et-Marne), Porcheville (Yvelines), Valenciennes (Nord-Pas-de-Calais) et Nantes (Loire-Atlantique).

Les EPM sont ouverts aux seuls mineurs 13-18 ans, accueillant au maximum soixante garçons et filles, « centrés sur l'éducation et non plus sur la cellule et la sécurité », avec un gros effort pour occuper en permanence les jeunes par des activités scolaires ou sportives.

Beaucoup de professionnels ont contesté ces nouvelles prisons. Contestation de principe : n'allait-on pas justifier une réponse carcérale généralisée quand il n'y a pas de bonne prison pour un enfant ? Contestation technique : allait-on réunir les moyens humains et matériels et faire travailler ensemble pénitentiaires, éducateurs et enseignants ? Ne confondait-on pas à l'extrême instruction et éducation ? Force est de constater[1] que les EPM peinent à fonctionner et connaissent des mouvements sociaux autour et par-delà les drames ou incidents plus ou moins sérieux (suicides de jeunes, agressions de personnels, violence quotidienne).

---

1. Un rapport parlementaire de 2001, « Enfermer et éduquer : quel bilan pour les centres éducatifs fermés et les établissements pénitentiaires pour mineurs ? » recommande l'extension des CEF et la révision urgente du fonctionnement des EPM (*ASH* 20 août 2010). Le Défenseur des enfants et le contrôleur général des lieux de détention ont aussi tenu un regard critique sur les EPM.

Les moyens humains promis n'ont pas toujours été réunis en quantité et en qualité, les couples personnel-PJJ et personnel pénitentiaire ont des difficultés à fonctionner ; les jeunes supportent mal le rythme de vie qui leur est imposé. Ils ne sont pas habitués à ce rythme de « travail » – la scolarisation y est obligatoire –, et trop d'activités collectives empêcheraient les jeunes et leurs encadrants de s'inscrire dans une démarche individualisée.

**Quels lieux de détention pour enfants ?**

Les mineurs doivent être détenus dans des conditions spéciales qui tiennent compte de leur fragilité supposée. Tels sont les engagements internationaux de la France.

**CIDE, art. 37 :**

« Les États parties s'engagent à ce que tout enfant privé de liberté soit traité avec humanité et avec le respect dû à la dignité de la personne humaine, et d'une manière tenant compte des besoins des personnes de son âge : en particulier, tout enfant privé de liberté sera séparé des adultes, à moins que l'on estime préférable de ne pas le faire dans l'intérêt supérieur de l'enfant, et s'il a le droit de rester en contact avec sa famille par la correspondance et par ses visites, sauf circonstances exceptionnelles ».

On reste loin du compte. Ainsi il n'y a toujours pas dans notre pays de frontière étanche entre mineurs et majeurs incarcérés même si l'administration veille y remédier. La grande majorité est détenue dans des Quartiers pour Mineurs – 13-21 ans – inscrits dans des établissements pénitentiaires classiques. Au 1er janvier 2011 : sur six cent quatre-vingt-huit mineurs détenus, 66 % l'étaient en quartiers pour mineurs, seulement 34 % l'étaient en EPM.

Cinquante-neuf unités pour mineurs offrent une capacité totale d'accueil de mineurs en milieu carcéral est d'environ 1100 places permettent une individualisation du suivi du parcours de chaque mineur, quitte à ce qu'un centre pour mineurs détenus comme Fleury-Mérogis dispose de plusieurs unités :

**L'établissement pénitentiaire pour mineurs : prison-école ou école-prison ?**

L'EPM devait être fondamentalement un lieu scolaire. Les six EPM accueillent des détenus ou des condamnés, garçons et filles de 13 à 18 ans avec quatre caractéristiques :

– une séparation complète d'avec les majeurs, avec la création d'une prison spécifiquement réservée aux mineurs ;

– la réduction de l'effectif de mineurs détenus au sein d'une même structure ;

– le développement des temps d'activité et au premier chef des activités scolaires ;

– l'intervention conjointe de l'administration pénitentiaire et de la protection judiciaire de la jeunesse sous la forme de binômes éducateur-surveillant afin d'assurer le suivi individuel de chaque détenu.

Par-delà le coût de construction, c'est bien l'investissement en personnel qui frappe : soixante-seize pénitentiaires dont soixante-dix pour la surveillance, quarante-trois PJJ, neufs enseignants et un directeur pédagogique, cinq personnels de santé.

Les cellules sont individuelles, mais chaque unité de vie dispose d'espaces collectifs.

**Qui orienter en établissement pénitentiaire pour mineurs ?**

Les mineurs les plus accessibles à une démarche éducative, ou au contraire ceux qui posent le plus de problèmes ? La Chancellerie recommande[1] l'orientation en EPM des mineurs condamnés ou destinés à une détention provisoire d'une relative longue durée.

1. Note de service du 11 juin 2010 (*ASH* 9 juill. 2010).

**Une justice dans la prison!**

Un décret du 11 mai 2007 aménage la procédure disciplinaire à laquelle s'expose un mineur détenu et précise, pour celui qui est âgé de plus de 16 ans, les conditions dans lesquelles il peut être placé à l'isolement.

Plus qu'à l'extérieur le respect de la loi doit être un leitmotiv. L'Administration doit veiller à assurer la sécurité des personnes et des biens. Les violences de toute nature sont fréquentes; le racket est répandu. L'AP surveille donc de près tous les biens (vêtements notamment) donc dispose chaque détenu.

Les transgressions aux règles disciplinaires et *a fortiori* pénales appellent à des réactions. Les manquements aux obligations de faire (nettoyer la cellule, se lever le matin, etc.) ou de ne pas faire (casse, agression physique ou verbale, etc.) entraînent des poursuites pénales et/ou disciplinaires, voire infra-disciplinaires.

Le souci est de trouver la réaction adaptée dans une approche humaine et pédagogique de la loi avec une gamme de sanctions classiques ou plus modernes qui visent à punir sans pour autant renforcer l'exclusion du jeune l'avertissement :

– la privation pendant une période maximale de quinze jours de la faculté de cantiner des achats de confort ;

– la privation pendant une période maximale de quinze jours de tout appareil audiovisuel (sans doute une des sanctions les plus sévères) ;

– une activité de réparation, sous réserve d'obtenir au préalable l'accord du mineur et des titulaires de l'autorité parentale (c'est la modernité) ;

– la privation ou la restriction d'activités culturelles, sportives ou de loisirs pour une période maximale de huit jours ;

– le confinement en cellule individuelle ordinaire pour les mineurs de plus de 16 ans.

Le détenu de plus de 16 ans peut, à titre exceptionnel, être sanctionné par la mise en cellule disciplinaire de trois à sept jours.

La mise à l'isolement ne met pas fin aux activités scolaires ou de formation, ni aux visites de la famille ou de toute autre personne participant effectivement à son éducation ou à son insertion sociale. La décision relève de la commission de discipline.

### E. Le barreau

Un avocat est de permanence sur chaque audience, soit en cabinet, soit au tribunal. Il assumera tous les cas où il n'y a pas d'avocat choisi.

Depuis les années quatre-vingt-dix, des avocats spécialisés pour défendre les mineurs ont émergé, qui ont suivi une formation spécifique. La qualité de la défense s'en ressent positivement : ces avocats très investis ne se contentent plus de plaider l'indulgence du tribunal : ils font du droit (contrôle de la procédure) et tentent de peser sur l'orientation éducative du juge et des travailleurs sociaux.

Un jeune vraiment inscrit dans la délinquance commet délit sur délit. Il y a lieu de veiller à ce que le même avocat défende ses intérêts. Malgré les conventions passées entre les barreaux et les juridictions on a des difficultés à tenir l'objectif « Un mineur, un avocat ».

## § 4. Le déroulé de la procédure pénale

Toute procédure pénale porte à la fois sur les faits – sont-ils établis ? – et sur la personne du jeune mis en cause – qui est-il ? pourquoi commettrait-il ces faits ? Elle doit déjà « sanctionner » l'acte commis si le jeune est coupable, veiller au droit de la victime, mais aussi par-delà la procédure contribuer à faire rompre le jeune avec la délinquance sachant « vrai » délinquant – 5 à 10 % des jeunes concernés – à plusieurs procédures ou est appelé à en avoir plusieurs. Il s'inscrit dans la durée comme le médecin.

## A. Poursuivre ou pas ?

Classer la procédure ou poursuivre sera le choix du procureur sachant que la victime peut éventuellement se constituer partie civile devant un juge d'instruction et enclencher une poursuite.

Classer sans suite ne veut pas dire abandonner définitivement l'idée d'une poursuite : tant que le délai de la prescription n'est pas acquis (un, trois ou dix ans selon les contraventions, les délits ou les crimes) le parquet peut revenir sur sa décision initiale.

Quand dans le passé on classait fortement (60 % des infractions contre les biens, 40 % des infractions contre les personnes), aujourd'hui l'objectif politique affiché est qu'aucune infraction révélée reste sans réponse pénale. Le taux de classement « sec » pour les mineurs mis en cause est aujourd'hui au plan national de 7 % pour 14 % pour les adultes!

Le parquet ne saisit un juge que dans un peu plus de 45 % des cas dont il a à connaître. Le plus souvent il fera usage de ce que l'on appelle depuis la fin des années quatre-vingt-dix, la « troisième voie », alternative entre classement sec et poursuites : il classera la procédure, mais en conditionnant son attitude au respect d'un certain nombre d'obligations. Le classement devient un acte positif pour le jeune et ses parents, et non plus un cadeau. Cette démarche est payante pour des jeunes fourvoyés dans des bêtises d'enfants : peu de jeunes ayant fait l'objet de ce classement sous conditions réitèrent dans l'année qui suit.

## B. Quel juge choisir?

Plusieurs voies sont ouvertes au procureur qui décide poursuivre selon la gravité des faits, l'âge et la personnalité du jeune qui peut nécessiter une intervention ferme, mais aussi rapide.

Classiquement il peut saisir un juge des enfants ou un juge d'instruction en leur transmettant la procédure. Le jeune sera convoqué pour une audience de première comparution où s'appréciera sa mise en examen et les mesures provisoires utiles.

Le parquet dispose aussi des moyens de « forcer » le cours de la justice.

Il peut déjà estimer qu'il est opportun d'accélérer le cours des choses. Pour cela il dispose de plusieurs moyens : il peut faire déférer le jeune à un juge à sa sortie de garde à vue. Le service de police se rend immédiatement au tribunal avec le jeune et la procédure. Le jeune devra être reçu par un juge dans les vingt heures. Entre-temps il aura vu le service éducatif qui avancera des préconisations au juge de permanence. Le parquet prendra des réquisitions éducatives et d'ordre public (contrôle judiciaire avec éventuellement un éloignement du quartier, détention provisoire). À Bobigny, chaque jour en moyenne, huit jeunes sont ainsi déférés au juge des enfants, d'autres au juge d'instruction.

Si l'urgence est relative le parquet peut encore faire convoquer le jeune par le policier qui l'a en face de lui tel jour – pas avant dix jours – à telle heure devant tel juge des enfants pour y être mis en examen. Depuis

2011, le parquet a la possibilité de faire délivrer une convocation devant le TPE.

Il peut encore se passer de l'instruction en saisissant directement le TPE avec la procédure de présentation immédiate (cf. *supra*). Il fait alors déférer le jeune pour lui avancer les charges retenues ; il recueille ses observations et décide du renvoi devant le TPE en fixant une date et une heure. Il saisira ensuite le juge des enfants pour décider des mesures d'ordre public (détention provisoire ou un contrôle judiciaire impliquant un placement en CEF).

## C. La phase de l'instruction

La première comparution devant le juge vise à faire part au jeune des reproches retenus par le parquet et à l'entendre sur ces faits.

**Mis en examen ou témoin assisté**

Qu'il accepte de s'expliquer ou pas, le mis en cause se verra officiellement reprocher les faits pour lesquels il est poursuivi s'il y a des indices graves ou concordants : il sera mis en examen avec tous les droits qui en découlent. Mais si le juge estime que les charges retenues sont « légères » et méritent des investigations complémentaires poussées il lui accordera le statut de témoin assisté moins afflictif.

**Des actes d'instruction**

Sur les faits, le juge en charge de l'instruction pourra ordonner des examens complémentaires, faire rechercher et entendre des témoins, procéder à des confrontations, etc.

Il s'agit aussi de connaître le jeune, sa personnalité, son histoire familiale, ses potentialités, etc. Par-delà la relation qui se nouera avec ce jeune il pourra procéder à des investigations pluridisciplinaires sur quelques mois. Il tiendra compte des renseignements qu'il aura déjà pu glaner dans d'autres procédures. Il pourra tout simplement mandater un expert psychiatre ou psychologue. En matière criminelle le juge en charge de l'instruction en a même l'obligation.

**Des mesures éducatives**

Un « accident de la vie » peut amener un jeune à la surprise de ses parents à se mettre dans de mauvais draps. Si les parents répondent intelligemment aucune mesure éducative ne s'imposera. La culpabilité n'étant pas contestée une mesure de réparation pourra être proposée au jeune et à ses parents. Mesure moderne et bien venue, la réparation est rarement directe au profit de la victime : il s'agit plutôt d'une action symbolique permettant au jeune de montrer qu'il a compris sa faute et est passé à autre chose. La réparation exercée, une dispense de peine, voire une dispense d'inscription au casier judiciaire, sont possibles.

À l'inverse, certaines poursuites font émerger au tribunal une problématique personnelle ou familiale plus ou moins bien connue des parents qui attendaient de longue date une aide extérieure. Le jeune apparaît très nettement en conflit avec ses parents qui n'arrivent plus à exercer leur autorité. L'influence du quartier et des amis l'emporte largement. Fréquemment il y a déscolarisation, parfois de longue date. Un soutien éducatif s'impose qui peut aller de pair avec la recherche d'un lieu de vie permettant au jeune de rompre avec son cadre de vie.

Si des parents sont dépassés, d'autres entendent simplement être légitimés dans leur réaction éducative.

Le juge ne peut jamais garantir quand la mesure éducative qu'il ordonne sera réellement engagée. Il faut parfois plusieurs semaines, voire mois. La PJJ est ici en situation de monopole et ne dispose pas toujours et partout des moyens nécessaires à l'exercice des missions qui lui sont confiées.

**Des mesures d'ordre public**

La nature des faits reprochés (par ex. des agressions de femmes au carrefour afin de leur dérober leur sac à main après fracture de la vitre de la voiture) ou le comportement du jeune inscrit dans une délinquance dure malgré les avertissements reçus et les premières mesures de protection prises peuvent appeler à des mesures d'ordre public avec le souci d'apaiser une tension vive dans le quartier ou déjà éviter au maximum la réitération.

***La détention provisoire***

La nature des faits et leur gravité, la dangerosité de l'auteur présumé, le souci de protéger la victime ou même l'intéressé et bien d'autres considérations justifient de recourir à une détention provisoire. Exceptionnellement répète régulièrement la loi !

Le législateur a eu le souci de réduire le recours à la détention provisoire dans les années 1977-79. En matière criminelle la détention provisoire n'est plus possible qu'à partir de 13 ans quand auparavant elle l'était à partir de 10 ans (sans qu'au final une peine de prison puisse être prononcée).

En matière délictuelle elle ne devait être possible qu'à compter de 16 ans, mais au fil du temps le législateur est revenu sur ses pas et les exceptions se sont multipliées. À partir de 13 ans la peine encourue doit être de trois ans et il faut qu'il y ait eu préalablement l'échec d'une prise ne charge à travers un CEF. En revanche à partir de 16 ans il suffit que la peine encourue soit de trois ans.

Le recours à la détention provisoire suppose qu'un contrôle judiciaire ou le placement sous bracelet électronique soit insuffisant à tenir les objectifs d'ordre public.

Depuis 2000 par décision motivée le juge de l'instruction doit, à la demande du parquet ou *proprio motu*, saisir un JLD qui après débat contradictoire décidera de l'incarcération.

***Le contrôle judiciaire avec ou sans éloignement***

Le juge peut conditionner le maintien en liberté du mis en examen au respect d'obligations : interdiction de fréquenter tel lieu ou d'entrer en relation avec d'autres mis en cause ou la victime, faire la preuve de sa scolarité ou de son insertion professionnelle, ne pas se trouver seul en tel endroit à telle heure sans être accompagné d'un adulte, engager un traitement médical, etc.

La question de l'éloignement du quartier se pose régulièrement dans la mesure où les parents mettent en cause – parfois à juste titre – l'influence qu'il joue sur leur enfant. Ce sera souvent le cas lors de trafic de drogue. Le jeune ne reviendra pas à son domicile en sortant du tribunal. On pourra mobiliser un membre de la famille qui s'engagera à veiller sur le jeune sur une durée plus ou moins longue ; on pourra aussi songer à faire appel à une institution, foyer public ou associatif.

Le contrôle judiciaire est confié pour sa partie contrôle à des services de police, pour sa partie éducative à un service éducatif. Le manquement à ces obligations permettra de saisir le JLD pour incarcération.

***Le placement sous bracelet électronique***

Ce dispositif peut conduire à contrôler de très près les mouvements d'un jeune en faisant l'économie de la détention criminogène. Il se développe très lentement compte tenu de son coût et des exigences.

## D. La phase du jugement

L'instruction achevée il faut trouver un juge pour se prononcer sur le fond. Le magistrat en charge de l'instruction apprécie le moment de clore la procédure. Cette liberté a été restreinte ces dernières années. Le parquet peut faire pression sur lui en demandant un renvoi à bref délai devant une juridiction. Le juge doit répondre à cette demande dans les cinq jours en fixant une date sous le contrôle de la cour d'appel.

**Qui choisir** ?

Le juge des enfants est non seulement juge d'instruction, il peut juger en cabinet, mais alors il ne peut prononcer que des mesures éducatives.

Après avoir recueilli l'avis du parquet le juge des enfants peut retenir cette solution ou renvoyer devant le TPE. Il jugera en cabinet quand il estimera que la page peut être tournée sur des faits qui ne sont pas d'une gravité extrême.

Généralement juge d'instruction saisira le TPE.

Parfois la loi fait obligation de saisir le TPE. Ainsi, pour le jeune de plus de 16 ans ayant commis des faits pouvant entraîner sept ans d'incarcération. Peu importe si depuis les faits le jeune n'a commis aucun délit. Il faudra aussi impérativement saisir le TCM pour les récidivistes de plus de 16 ans.

Le juge d'instruction devra saisir la cour d'assises en matière criminelle concernant de plus de 16 ans via une décision de la chambre de l'instruction de la cour d'appel.

## E. L'exécution de la décision

Le parquet veille à l'exécution des mesures judiciaires et spécialement des peines

Comme pour les adultes un mécanisme d'aménagement de peines a été adopté afin d'éviter l'incarcération – et lutter contre la surpopulation pénitentiaire – et les courtes peines tenues pour criminogènes.

## F. Les mémoires de la justice

Il est nécessaire de savoir tourner la page et d'oublier une fois la sanction exécutée. Pourtant la société accepte de moins en moins d'oublier et rend plus difficile l'insertion d'un jeune condamné.

**Le casier judiciaire**

Tout individu, français ou étranger demeurant en France, est doté d'un casier judiciaire dès la naissance. Le casier mentionne des peines, parfois de sanctions éducatives et des mesures éducatives. Trois extraits de casier peuvent être délivrés :

– le B1, remis aux seuls magistrats avec la totalité des condamnations ;

– le B2, remis à l'administration et à certaines institutions sociales ;

– le B3, remis aux intéressés quand, notamment, ils doivent faire la preuve auprès de leur patron de leur intégrité morale avec les condamnations les plus graves.

Trois ans après sa majorité ou la dernière condamnation le jeune condamné par un tribunal pour enfants peut demander que son casier judiciaire soit expurgé.

**Les fichiers de police**

La police a multiplié les fichiers, parfois sans l'autorisation du législateur. On n'y retrouve pas que des personnes délinquantes, mais des victimes ou des témoins, et bien audelà de la minorité. Les informations contenues peuvent y demeurer bien plus longtemps que sur un casier judiciaire ! Il serait temps de s'en préoccuper.

**Le système de traitement des infractions constatées (STIC)**

Créé par un décret du 5 juillet 2001, le STIC vaut pour les mineurs, y compris devenus majeurs ; il contient des informations (identité, photo, domicile, filiation, etc.) recueillies dans les enquêtes de flagrance, préliminaires ou sur commission rogatoire. Les victimes voient leur identité relevée.

Les informations concernant les mineurs sont conservées durant cinq ans, délai porté à dix ans pour les vols avec violences, violences volontaires avec ITT de huit jours, trafic de stupéfiants, etc. et à vingt ans pour des vols avec violences sur personnes vulnérables, agressions sexuelles et viols, vols à main armée, etc. En d'autres termes, la condamnation peut être effacée du casier et conservée sur le STIC !

Le parquet peut le renseigner pour y indiquer les relaxes et autres classements sans suite, voire pour prescrire l'effacement de certaines mentions.

**Le fichier national automatisé des empreintes génétiques**

Créé par la loi du 18 mars 2003, le Fichier national automatisé des empreintes génétiques (FNAEG) est commun à la police nationale et à la gendarmerie. À l'origine destiné à recueillir les empreintes génétiques des personnes impliquées dans les infractions de nature sexuelle, il a été étendu à plusieurs autres crimes et délits, que ces personnes aient été condamnées ou non.

Il permet des rapprochements entre les données recueillies (traces biologiques, empreintes génétiques) avec celles des personnes déjà condamnées ou contre lesquelles il a pu exister des indices graves et concordants rendant vraisemblable qu'elles aient commis des faits graves (infractions de nature sexuelle, ou d'atteinte volontaire à la vie, violences volontaires, extorsions, escroquerie, terrorisme, etc.)

Ce fichier est de plus en plus vivement critiqué vue l'ampleur qu'il prend bien au-delà des délinquants sexuels après la loi n° 2003-239 du 18 mars 2003 sur la sécurité intérieure.

L'effacement se fait sur instruction du procureur d'office ou à la demande de l'intéressé quand l'inscription n'apparaît plus nécessaire au regard des finalités du fichier (*sic*). Un recours est possible devant le juge des libertés et de la détention en cas de refus d'effacement.

**Le fichier judiciaire automatisé des auteurs d'infractions sexuelles ou violentes (FIJAIS)**

Créé par la loi n° 2004-204, dite « loi Perben II » (C. pr. pén., art. 706-53-2), le FIJAIS vise à prévenir le renouvellement d'infractions graves. Initialement pensé pour les infractions sexuelles, le FNAEG (fichier national automatisé des empreintes génétiques) a été étendu par la loi du 12 décembre 2005 à quasiment tous les crimes contre les personnes commis en état de récidive.

On s'attache aux condamnations, mais l'inscription peut même être décidée le temps de l'instruction et retirée en cas de non-lieu, relaxe ou acquittement. La loi du 11 août 2011 la rend obligatoire et automatique pour une condamnation criminelle : le tribunal la constate ; elle est facultative sur décision de la juridiction ou du procureur de la République en matière délictuelle.

Toutes les décisions prononcées par les juges des enfants et les juridictions sur la base des articles 8, 15, 15-1, 16 *bis* et 28 de l'ordonnance de 1945 pour mineurs même non définitives doivent être inscrites au FNAEG. Elles pourront y figurer vingt, voire trente ans, même amnistiées ou après réhabilitation !

Le Conseil constitutionnel exige pour les moins de 16 ans, une peine encourue de dix ans. Les moins de 13 ans qui ne peuvent pas encourir une peine d'incarcération ne peuvent pas donner lieu à inscription au FIJAIS

L'inscription au FIJAIS est notifiée à l'intéressé par l'Administration pénitentiaire ou par un OPJ. Aucun relèvement n'est possible ni à l'audience ni ultérieurement sur requête.

Des obligations draconiennes sont imposées à l'intéressé. Il doit informer l'administration de son adresse et déclarer ses changements d'adresse dans les quinze jours. Pour les infractions les plus graves, il doit se présenter physiquement à la police pour justifier de son domicile (décret du 10 octobre 2008). Si le condamné est tenu pour dangereux la visite sera mensuelle (L. du 5 mars 2007). Le non-respect de cette contrainte peut entraîner une sanction de deux ans d'emprisonnement et 30 000 euros d'amende (C. pr. pén., art. 706-53-4 et 706-53-5).

L'effacement est automatique en cas de non-lieu, de relaxe, d'acquittement ou de mainlevée du contrôle judiciaire. L'intéressé peut demander l'effacement au procureur si la condamnation a elle-même été effacée du casier n° 1.

Conformément à la loi du 25 février 2008 relative à la rétention de sûreté et à la déclaration d'irresponsabilité pénale pour trouble mental, certaines institutions peuvent consulter le FIJAIS par un système de communication sécurisé, pour s'informer sur les personnes ayant formé une demande de recrutement, d'affectation, d'autorisation, d'agrément ou d'habilitation concernant une activité ou une profession impliquant un contact avec des mineurs ou l'exercice d'activité ou d'une profession contrôlée (préfecture, rectorat, PJJ, etc.).

## § 5. Quelles sont les mesures possibles à l'encontre d'un mineur délinquant ?

Aux mesures éducatives et aux peines la loi de 2002 a ajouté les sanctions éducatives. Ce dispositif complexe n'est somme toute pas très convainquant à l'expérience : il était envisagé dès 2008 de le remettre à plat avec des sanctions éducatives et des peines Ces mesures supposent déjà un jugement de culpabilité. On s'attachera aux principales.

## A. Les mesures éducatives

Les mesures éducatives constituent la base de justice pénale des mineurs. Elles visant à accompagner le jeune dans une prise de conscience et une démarche de culpabilisation avec le souci de s'inscrire dans une démarche de respect de la loi.

**La liberté surveillée**

Prononcée en cabinet ou au TPE, c'est la mesure de base : une équipe éducative – la PJJ a ici le monopole – accompagne le jeune au plus tard jusqu'à sa majorité et l'aide dans ses démarches scolaires ou professionnelles et dans son cheminement personnel. Un éducateur vient à domicile ou reçoit le jeune.

**La mise sous protection judiciaire**

Elle rappelle la liberté surveillée mais assure un accompagnement éducatif au-delà des 18 ans. Elle peut durer cinq ans. Elle est sans contrainte et sans sanction. Elle suppose l'accord du jeune.

**L'admonestation et l'avertissement solennel**

Un coup de semonce verbal est donné au jeune tenu pour coupable sans appeler des mesures spécifiques eu égard à l'acte posé, à sa personnalité et/ou à son encadrement personnel, à son évolution.

L'admonestation est prononcée par le juge des enfants en cabinet ; l'avertissement est prononcé par le TPE.

**Le placement en institution**

Il peut être décidé par le tribunal jusqu'à la majorité du jeune. En pratique cela est fort rare.

## B. Les sanctions éducatives

Innovation de 2002, des interdits ou des obligations faites au jeune par le tribunal pour enfants ont pour objectif de combattre la récidive. Parmi les interdits : ne pas fréquenter tel lieu, telle personne, la victime ou les complices, ne pas posséder tel objet par exemple une mini-moto. Parmi les obligations : suivre un stage de citoyenneté, mettre en œuvre une mesure de réparation (rédaction d'une lettre d'excuse à la victime ou actions symboliques destinées à faire prendre conscience au jeune de la gravité des faits commis). Des démarches collectives sont parfois engagées sur de grandes problématiques sociales (le respect des femmes, l'environnement, etc.).

## C. Les peines

Elles ne peuvent être prononcées que par le TPE, le TCM ou la cour d'assises pour mineurs. Si la peine de mort a été supprimée (récemment) pour les mineurs, l'emprisonnement est possible pour une durée qui peut être longue.

**Les peines peuvent être affectées d'un sursis :**

– **le sursis simple** veut que le condamné n'aura pas à exécuter sa peine si dans un délai de cinq ans à compter du moment où la décision est devenu définitive aucun nouveau fait délictueux n'est commis ; la peine sera lors considérée comme non avenue ;

– **le sursis partiel ou total avec mise à l'épreuve** veut que le condamné doive respecter certaines obligations durant un délai de dix-huit mois à trois ans pour ne pas avoir à exécuter la partie ferme de sa condamnation. S'il viole l'une ou l'autre des obligations qui lui ont été notifiées il pourra être incarcéré pour la totalité ou une partie de la peine qu'il a à exécuter. Cette révocation ne peut intervenir après une audience tenue en présence du procureur, du jeune et de son avocat soit dans le cabinet du juge de l'application des peines soit à l'audience du tribunal.

Le tribunal peut prononcer l'exécution provisoire de sa décision c'est-à-dire sans attendre le résultat d'un éventuel appel. Ainsi le jeune condamné partira immédiatement en prison au sortir de l'audience. La justice des mineurs est ici plus sévère que celle des majeurs qui exige une peine de plus d'un an pour qu'il puisse avoir lieu à exécution provisoire sauf en matière de comparution immédiate; pour un mineur une peine de huit jours peut être exécutée immédiatement. Cette sévérité s'explique parce que le temps n'a pas la même valeur aux yeux d'un jeune que d'adulte. Attendre l'effet du recours serait contre productif pour un jeune.

**L'emprisonnement**

Environ 5500 peines de prison ferme sont prononcées chaque année contre des mineurs, 15000 avec sursis simple ou sursis mise à l'épreuve. La réclusion criminelle à perpétuité peut être prononcée par une cour d'assise ou un tribunal pour enfants qui priverait le jeune du bénéfice de l'excuse de minorité.

**L'amende**

Au moment d'être jugé, un jeune peut être engagé dans une voie professionnelle ou en passe de l'être, et l'amende de 7500 euros au plus peut apparaître comme une sanction adaptée 7500 euros (Ord. de 1945, art. 20-3).

**Le travail d'intérêt général**

À titre principal ou en alternative à l'incarcération un travail d'intérêt général peut être infligé au jeune. Il doit donner préalablement son accord pour l'effectuer. Le maximum du travail d'intérêt général (TIG) est de cent vingt heures. Si le TIG est fait dans le délai prescrit, le condamné n'aura pas à exécuter la peine de prison initialement prononcée. Si aucune peine de prison n'avait été prévue le parquet saisira le TPE.

**Réunir les moyens d'appliquer la loi plutôt que d'introduire la justice des majeurs**

Le discours dominant est très sceptique sur l'efficacité de l'intervention judiciaire à l'égard des jeunes en conflit avec la loi. S'il était fondé en un peu plus de deux cent mille mineurs étant mis en cause chaque année des vagues et des vagues de délinquants viendraient alimenter le lot des mauvais garçons. Le pays serait submergé de délinquants de tous poils. Le sénateur Lecerf (UMP) rappelle que 84 % des jeunes, délinquants le temps de leur minorité et pris en charge par les juridictions pour mineurs, ne le sont plus à leur majorité. On peut souhaiter mieux sans pour autant dénigrer ce qui est acquis. Notre dispositif est perfectible et le sera toujours quelles que soient les réponses apportées. Seule une infime minorité – 5 % – de jeunes pose véritablement problème avec des pratiques de réitération. Faut-il tout casser pour 5 % ? La réponse pénale apportée aux enfants délinquants doit régulièrement être adaptée ; pour autant ses ressorts restent valables. L'éducation, toujours l'éducation…

**Comment prévenir la primo délinquance ?**

Combattre l'insécurité implique déjà de veiller à ce que des jeunes qui ne sont pas délinquants ne le soient jamais. Dans le même temps il faut mener la bataille contre la primo délinquance et la récidive de la délinquance ! Les termes d'une politique de prévention de la délinquance ont été clairement identifiés politiquement (Conseil de sécurité intérieure de 1998 et 1999) : ils vont bien au-delà d'un dispositif de vidéosurveillance. Quatre volets s'imposent. Une

**politique familiale** doit veiller à ce que les enfants bénéficient d'une autorité parentale structurante. Une **politique sociale** doit donner de l'espoir et un sentiment de justice aux jeunes. **L'intégration des populations issues de l'immigration est une priorité.** Une **politique d'inscription citoyenne** doit amener les individus sujets de droits à exercer des responsabilités et pas seulement à se targuer de leurs droits.

Il est temps de s'y mettre en associant les pouvoirs publics d'État et locaux, le public et le privé, les professionnels et le réseau associatif.

## Titre 3
## Une justice pour protéger l'enfant en danger

Jusqu'en 1958 il fallait attendre qu'un enfant commette un délit pour que l'on s'attache à ses problèmes personnels et surtout familiaux. Sa délinquance servait de révélateur et de prétexte à l'intervention du juge. À preuve, l'interpellation de Jean Gabin, juge des enfants dans *Les quatre cents coups* (F. Truffaut, 1954), à un jeune fugueur : « Dis-moi que tu as volé et l'État assurera ton avenir ! ». Il suffit désormais qu'un enfant soit en danger du fait d'une carence éducative pour justifier l'intervention de la justice. L'idée est certes de protéger les enfants en danger, mais le souci est aussi de protéger la société en prévenant sa délinquance.

Tous les milieux sociaux sont concernés, mais l'épaisseur des murs de l'appartement peut changer la réponse à venir : pour les uns, le tribunal pour enfants et l'ASE ; pour les autres, le psychanalyste et l'école en Suisse !

Un nouvel élan a ainsi été donné en 1958 à la justice pour les enfants. Dès lors elle s'est beaucoup investie sur les enfants violentés, plus généralement pour tous les enfants maltraités sur le plan physique ou psychologique par leurs parents. Une « rivalité » s'est même nouée parfois avec l'ASE. Elle est de venue la justice des familles les plus modestes. En implicite elle les contrôle.

Elle a pu négliger les enfants délinquants pour les enfants en danger. À sa décharge, c'était pour l'essentiel une délinquance de « voleurs de poules ». On a vu qu'elle s'était remobilisée à l'orée des années quatre-vingt-dix. Mais elle en ferait encore trop pour les enfants en danger.

Elle résiste aujourd'hui à une tendance lourde – crise financière de l'État, mais aussi redistribution des compétences publiques et souci sécuritaire obligent – qui veut la ramener à avant 1958, concentrée sur la délinquance juvénile. On soulagera la justice d'une part substantielle des enfants en danger et de cette justice des familles en rappelant qu'elle ne tient qu'un rôle subsidiaire par rapport aux Conseils généraux dans la protection de l'enfance.

La protection de l'enfant justifie un droit original où le juge des enfants joue un rôle majeur, mais le parquet a des responsabilités importantes.

## § 1. Qu'est ce qu'un enfant en danger relevant du tribunal pour enfants ?

*A priori*, la procédure concerne un enfant mineur bien identifié : tous les enfants ne sont pas nécessairement en danger dans la même famille ; elle peut aussi en viser plusieurs. Mais toute situation délicate mettant en cause des enfants ne relève pas du tribunal pour enfants.

Trois conditions cumulatives sont désormais explicitement posées par la loi pour justifier l'intervention du tribunal pour enfants (C. civ., art. 375, après la loi du 5 mars 2007).

### Première condition
### *Une situation de danger*

Il n'existe pas de définition objective et définitive de ce qu'est une situation de danger. Comment se pourrait-il ? Certains en sont déroutés. Tout danger est relatif, il varie selon les personnes, les lieux et les périodes historiques.

Des normes sociales existent, parfois implicites qu'il convient de temps en temps de rappeler haut et fort. Ainsi est en danger un jeune enfant laissé régulièrement seul dans son appartement par des parents en goguette. De même pour le préadolescent retrouvé seul dans la rue à une heure très avancé de la nuit. C'est aussi une situation de danger que d'associer des enfants à des pratiques sexuelles, certes admissibles entre adultes, mais contestables pour des enfants. De même pour des parents alcooliques conduisant fréquemment leurs enfants à gérer des crises de delirium. C'est encore une situation de danger que de ne pas veiller à la scolarisation de son enfant ce qui peut être révélateur d'une perte totale d'autorité des parents.

Il faut que le danger soit réel et avéré et non pas potentiel. Ainsi ne pourra pas intervenir le juge des enfants auquel on avance qu'un parent risque d'emmener l'enfant à l'étranger. En revanche, le JAF peut être saisi pour interdire la sortie de territoire.

Fréquemment des parents contestent la situation de danger et démontrent que, contrairement à l'avis du signalant – *a priori* l'Aide sociale à l'enfance relayant la PMI ou l'école – leur fonctionnement n'est pas de nature à mettre en danger l'enfant. Comme cette mère souffrant de troubles mentaux qui s'appuie sur sa propre mère pour élever son enfant quand le service social tient cette grand-mère pour captatrice et démesurément autoritaire alors même qu'elle fait au mieux pour aider sa fille et son petit-fils.

Tout est bien relatif. On s'inquiétera des conditions de vie de telle famille dans un arrière-fond de jardin quand dans le même temps on laisse des dizaines de familles Roms vivre dans des campements de fortune et des conditions d'hygiène plus que douteuses. Comment imaginer qu'on puisse retirer leurs enfants à ces familles ? Avec quel objectif ? Pour quelle durée ?

## Deuxième condition *Un conflit*

Les parents doivent être conscients du danger et refuser de mobiliser les moyens nécessaires pour y mettre fin. Le juge appréciera si les parents à juste titre ont négligé les préconisations avancées. Il pourra ne pas suivre l'administration. Ainsi il retirera un enfant le temps d'intervention chirurgicale vitale si pour des raisons religieuses les parents refusent toute transfusion sanguine, en revanche il laissera des parents libres du traitement à prodiguer à un enfant condamné par la médecine qu'il s'agit d'« accompagner » au moins mal dans sa mort.

Reste que le juge, tout en constatant, les réserves des parents doit tenter de recueillir leur adhésion (C. civ., art. 375-1). Régulièrement, devant lui, des parents acceptent des réponses refusées auparavant aux services sociaux. Le cadre judiciaire peut parfois aplanir des malentendus. Dans d'autres cas, les parents mesurent que les choses vont plus loin qu'ils ne l'avaient cru. Au mieux, il tentera de les convaincre de ne pas s'opposer à ce qu'il propose en relayant peu ou prou la position des services sociaux.

### Troisième condition *Les services sociaux doivent avoir touché leurs limites dans les interventions proposées jusqu'ici*

C'est la grande innovation de la loi du 5 mars 2007 (C. civ., art. 365-1, b) qui a eu en effet le souci de réduire les interventions judiciaires.

Le rôle de la justice doit être cantonné aux cas les plus préoccupants, dans un rôle subsidiaire par rapport à l'administration sociale ce qui ne veut pas dire secondaire. Si l'intervention sociale peut éviter l'intervention judiciaire, on doit tout faire pour s'y cantonner. À l'inverse la justice peut être amenée à demander au président du conseil général de mobiliser des moyens supplémentaires pour éviter de devoir intervenir. On entend ainsi contribuer à déjudiciariser l'enfance en danger pour que le juge des enfants se consacre aux jeunes délinquants.

Il revient donc au parquet, puis au juge des enfants de vérifier initialement, puis régulièrement, que ces trois conditions sont réunies. À défaut il faudra renoncer à une intervention judiciaire.

Cette procédure d'assistance éducative s'inscrit dans le Code civil dans le chapitre consacré à l'exercice de l'autorité parentale. L'enjeu est de venir assister, non pas suppléer, remplacer ou exclure les parents. Tout doit être fait pour mettre ou remettre les parents en situation d'exercice leur autorité. D'ailleurs, durant l'intervention judiciaire, les parents conservent l'autorité parentale et son exercice. Ils ne sont privés – provisoirement – que des attributs liés à la prise en charge ordonnés par le juge.

**Justice de l'enfant, justice des familles**

Le juge des enfants se préoccupe donc de protéger l'enfant, mais à la différence du JAF il ne distribue pas de droits sur lui. Pour autant cette procédure dite d'assistance éducative est intrusive dans la vie familiale et pèse sur la liberté éducative des parents. En creux la justice dessine les normes sociales ; elle admet aussi que des familles ne fonctionnent pas nécessairement comme la majorité. Elle peut reconnaître un droit à la différence. Les pouvoirs de cette justice sont redoutables : un enfant peut rester placé des années durant jusqu'à sa majorité.

Certains vivent très mal cette intrusion. On a donc aujourd'hui le souci de limiter au maximum les interventions pour respecter la liberté familiale ; il faut encore recourir aux moyens les moins attentatoires à l'exercice de l'autorité parentale, donc à préférer le soutien à la famille au départ de l'enfant du domicile familial. Enfin ce départ – le placement – n'est pas un but en soi, mais un moyen au service d'une stratégie : tout doit être fait pour un retour, parfois en vain, et ce sans prendre de risques pour la vie de l'enfant.

La situation s'inscrira souvent dans la durée quand malgré leurs engagements à l'audience ou leur bonne volonté les parents n'arrivent pas à réunir les conditions pour permettre le retour de leur enfant au domicile. Il sera alors possible de les restaurer partiellement dans leurs droits et leur dignité en leur proposant de signer un contrat de recueil temporaire avec l'administration sociale : les enfants resteront confiés, mais sans intervention judiciaire. De l'extérieur on ne pourra plus les qualifier de mauvais parents. Dans les cas moins graves où un suivi continue à s'imposer avec l'accord des parents, le juge donnera mainlevée du placement et fermera le dossier, les enfants resteront éventuellement suivis par l'ASE sur la base du volontariat.

## § 2. Qui peut saisir le juge ?

**Le parquet** évalue la pertinence des signalements reçus du président du conseil général ou les informations préoccupantes arrivées des services de police ou de simples particuliers. Il peut décider de classer s'il lui apparaît que ce que vit l'enfant n'a rien d'anormal – là se joue le droit à la différence – ou que les services sociaux n'ont pas fait tout ce qu'ils auraient pu faire : il leur demandera alors de revoir leur copie.

**Les père et mère** peuvent valablement saisir le juge des enfants d'une situation qu'ils tiennent pour être une situation de danger. Ce sera souvent le cas lors d'une séparation - divorce ou non – difficile. La tendance sera de jouer le juge des enfants contre le juge aux affaires familiales. Il revient aux magistrats d'être vigilants. Le juge des enfants a la priorité sur le JAF. Il intervient sur des règles d'ordre public – le danger qu'il faut faire cesser – quand le JAF est saisi d'une procédure privée opposant des adultes (cf. *supra*).

**L'Aide sociale à l'enfance** adresse désormais ses signalements au procureur de la République. Elle-même aura été destinataire d'informations préoccupantes qu'elle aura recoupées et évaluées ; elle aura éventuellement tenté de gérer la situation et touché ses limites. Quitte à prévenir les intéressés de sa démarche elle saisira l'autorité judiciaire d'un signalement. Si le parquet est indisponible elle saisira directement le juge des enfants.

**L'enfant peut saisir le juge.** C'est l'une des caractéristiques de la procédure d'assistance éducative à la française que **l'enfant – toujours doué du discernement – peut lui-même saisir le juge des enfants** alors même qu'il est juridiquement incompétent. En d'autres termes si l'enfant ne peut pas obtenir son autonomie juridique, il peut veiller à sa propre protection physique ou morale et se séparer de ses parents. Cette disposition n'exonère pas les adultes de leurs responsabilités, mais doit s'analyser comme une soupape de sûreté. Pour ce faire la loi n'impose pas de forme particulière. L'enfant peut se présenter au tribunal, téléphoner au juge ou lui écrire. Sa démarche saisit automatiquement le juge qui pourra, après évaluation et déjà après avoir reçu le jeune, estimer qu'il n'y a pas une situation de danger relevant de sa compétence.

Exception procédurale majeure, **le juge peut s'autosaisir**. Généralement il camoufle ainsi le signalement reçu d'un professionnel non relayé par son institution ou d'un membre de la famille, ou tout simplement de l'enfant qui craint d'apparaître. Les juges n'abusent pas de ce pouvoir, soupape de sécurité pour garantir le dispositif de protection de l'enfance.

## § 3. Quel est le rôle du parquet ?

Le parquet qui assure une permanence 24 heures sur 24 durant toute l'année tient un rôle plus important qu'on le croit.

Déjà dans le traitement des signalements d'enfants en danger il imprime une politique. Il peut ainsi demander au président du conseil général de veiller à développer telle ou telle prestation avant de penser à saisir la justice. Il peut également demander des informations complémentaires sur les signalements qu'il reçoit.

Il prend les mesures provisoires nécessaires surtout dans l'hypothèse où la situation n'est pas connue du juge des enfants et si celui-ci n'est pas disponible, par exemple durant la nuit. Le juge doit être saisi dans les huit jours et dispose de quinze jours pour recevoir les intéressés. Il y est de plus en plus conduit par des services sociaux qui fonctionnent dans l'urgence. Une fois ces mesures prises il se doit de saisir le juge des enfants pour les confirmer ou les infirmer. À défaut de le faire dans les huit jours, ces mesures deviendront caduques.

Exception au droit classique : le parquet dispose des mêmes pouvoirs que le juge. Il peut retirer un enfant et le confier à une personne physique ou morale.

Il vérifie si les conditions de saisine du juge des enfants sont réunies. Une fois le juge saisi, le parquet peut être mobilisé pour avis. Il le donnera par écrit ; il peut aussi être invité à venir à une audience.

Dans certains cas particulièrement graves où un enfant a été violenté avec des parents incapables de le protéger, sinon complices de cette agression, le parquet saisit un juge d'instruction sur l'aspect pénal et un juge des enfants sur l'aspect protection de l'enfance.

## § 4. Une procédure souple et allégée

Les moyens de saisir le juge sont très simples : un courrier ou un coup de téléphone peuvent suffire.

Le juge compétent est celui du domicile des titulaires de l'autorité parentale si les parents vivent ensemble ou de celui chez qui a été fixée la résidence de l'enfant s'ils sont séparés. Le tribunal de l'endroit où est trouvé le mineur en fugue est compétent un mois le temps de prendre des mesures provisoires et de se dessaisir sur le juge du domicile.

**Le déroulement de la procédure est simple.** Comme dans toute procédure judiciaire deux phases existent : une première d'évaluation où le juge essaie de prendre la mesure des problèmes posés. Il recevra les intéressés, ensemble ou séparément, assistés éventuellement d'un avocat ou d'un proche.

Les services sociaux concernés seront conviés à l'audience. Ils interviendront dans le dialogue organisé par le juge. Le parquet peut être présent s'il le souhaite.

Dans cette phase le juge peut ordonner des investigations spécifiques comme des enquêtes sociales, des expertises psychologiques ou psychiatriques.

Il peut prendre des mesures provisoires; parfois en relayant celles déjà prises par le parquet. Ainsi il ordonnera que l'enfant soit confié à l'ASE pour six mois, période renouvelable si nécessaire après audience. L'urgence peut exiger qu'il se dispense de recevoir les intéressés quitte à provoquer une audience dans les quinze jours.

Dans une seconde phase, après audience, le juge confirme ou infirme ses premières décisions selon l'évolution de la situation. Une décision plus définitive pourra intervenir sachant qu'à tout moment la décision d'un juge des enfants peut être reprise et modifiée. Avant de rendre son jugement le juge communique la procédure au parquet qui appréciera s'il doit requérir.

## § 5. Quels sont les pouvoirs du juge des enfants ?

L'audience est un temps fort. On doit y parler nettement. Elle n'exige pas nécessairement des mesures judiciaires. Elle doit faire émerger les difficultés familiales et cerner les dysfonctionnements majeurs. Souvent les préconisations avancées et les engagements pris par les uns et par les autres suffiront à changer les conditions de vie de l'enfant. Le juge pourra en déduire que le danger au sens de l'article 375 et suivants du Code civil n'existe plus et il clôturera la procédure par une décision appelée « non-lieu à assistance éducative ».

Par-delà les mesures d'investigation, le juge des enfants sera amené à prendre des dispositions pour protéger l'enfant à court, mais aussi à moyen terme.

Dans la majorité des situations, comme le préconise la loi, l'enfant pourra rester confié à son ou ses parents, mais il bénéficiera d'un soutien éducatif. Le juge ordonnera une « mesure éducative en milieu ouvert » dont l'exercice sera confié à une structure publique ou le plus souvent associative habilitée à cet effet. Cette équipe pluridisciplinaire (éducateurs, psychologue, psychiatre, etc.) aidera les parents à comprendre les difficultés auxquelles ils sont confrontés et à trouver les démarches adaptées. Il pourra poser certaines conditions au maintien de l'enfant au domicile familial. Il s'agit bien d'une procédure d'assistance éducative (C. civ., art. 375-2).

Comme le souhaitaient les professionnels, le législateur a introduit en 2007 une certaine souplesse dans les prises en charge, afin de sortir de l'alternative « maintien à domicile – placement ». Un enfant pourra être confié à l'ASE ou une association habilitée, mais demeurer chez lui ou y séjourner longuement. On parle d'accueil séquentiel. Tout doit être fait pour maintenir les liens parents-enfants et les faire prospérer. Pour autant certains parents ne peuvent pas prendre en charge à plein-temps leur enfant et veiller sur lui sans danger.

Dans les cas plus délicats le juge pourra être conduit à décider de l'accueil de l'enfant dans une institution ou chez des particuliers.

Le juge peut confier l'enfant à son père, à sa mère, à d'autres membres de la famille ou tout simplement à une personne tenue pour « tiers digne de confiance ». Cette dernière décision ouvre droit à un suivi par l'ASE et à une contribution financière.

Le juge peut également décider de confier l'enfant à une institution publique (*a priori* l'ASE) ou privée (une association gestionnaire de structures d'accueil), voire mandater une structure hospitalière. Le placement d'un enfant dans une structure psychiatrique nécessite de disposer d'un certificat médical y invitant. Le maintien de l'enfant dans la structure suppose au bout d'un mois un autre certificat médical.

Ce « placement » ne prive pas les parents de l'autorité parentale, mais accorde à la structure ou à l'établissement les pouvoirs nécessaires pour la prise en charge qui lui est confiée.

Si l'enfant est accueilli par l'ASE, les parents sont consultés sur le lieu d'accueil de leur enfant. Leurs droits leur sont rappelés et l'ASE doit avoir le souci de les mobiliser sur tout ce qui est essentiel pour l'enfant. Sauf blocage des parents elle ne peut pas faire dans leur accord et l'appui du juge qui devra être mobilisé spécialement. Là encore on retrouve la distinction entre actes usuels que l'ASE (ou la structure) peut exercer seule et actes majeurs pour lesquels il faut l'accord des parents.

Exceptionnellement, par une décision motivée et après audience, le juge peut suspendre les droits de visite et d'hébergement des parents.

Il arrive que les parents refusent le départ de leur enfant de la maison. Il faudra faire intervenir les forces de police. Certains menacent de reprendre leur enfant en force, le juge est autorisé à cacher le lieu de placement de l'enfant (C. civ., art. 375-7).

Si plusieurs enfants sont concernés, le juge aura le souci de ne pas séparer les enfants sauf si cela s'avérait utile pour eux.

Il n'a pas se prononcer sur les droits de visite des grands parents, compétence du JAF, mais il arrivera qu'il autorise les grands parents à visiter ou à recevoir l'enfant confié. *Idem* pour les frères et sœurs majeurs.

Les allocations familiales sont confiées à la personne morale ou physique accueillant l'enfant, mais le juge les maintenir aux parents notamment s'ils accueillent régulièrement leurs enfants. La perte de l'appartement pourrait enclencher une spirale négative.

Une contribution financière peut être mise à charge des parents par le juge. En pratique cela reste très marginal. Les familles concernées ont peu de ressources ; ensuite, il est souvent difficile de mélanger les registres lors de l'audience : parler argent peut bloquer la recherche de l'adhésion. Reste qu'il est des cas où les parents méritent d'être rappelés, y compris sur le plan financier, à leurs responsabilités.

Le juge décide de la durée de la mesure qui désormais (L. du 6 juin 1984) ne peut pas excéder deux années sauf (L. du 5 mars 2007) situation tout à fait exceptionnelle quand les parents apparaissent, souvent pour des raisons psychiatriques, hors de toute possibilité de reprendre un jour leur enfant à charge.

En tout état de cause les mesures prises par le juge des enfants sont superficielles : elles ne touchent pas à l'autorité parentale. Si les parents négligent d'exercer leurs responsabilités il faudra parfois aller vers une déclaration judiciaire d'abandon, une tutelle ou une délégation totale ou partielle d'autorité parentale (cf. *supra*).

Cette assistance éducative sous l'autorité d'un juge n'est pas censée se pérenniser. Le travail du juge et des services sociaux vise à permettre aux parents d'exercer seuls leurs responsabilités. L'enjeu est bien que l'enfant retrouve rapidement et au mieux toute sa place auprès de ses parents. L'accueil hors du domicile familial, et même le soutien éducatif en milieu ouvert, sont censés ne plus devoir s'imposer pour déboucher sur un non-lieu. Très régulièrement cet objectif est atteint.

Tous les deux ans au pire le juge doit vérifier l'intérêt de maintenir telle mesure éducative et de la renouveler. Il s'appuie sur les rapports remis par les éducateurs, et bien sûr, sur l'audience. D'où l'importance de juges spécialisés et stables dans leurs fonctions. Malheureusement, trop souvent, les familles peuvent sur la durée être confrontés à plusieurs juges.

## § 6. Sur qui le juge des enfants peut-il s'appuyer ?

**Le conseil général, avec l'aide sociale à l'enfance, est le premier prestataire de ser-**

**vice de la juridiction.** Il a l'obligation légale de fournir aux tribunaux pour enfants tous les moyens éducatifs nécessaires pour remplir leurs missions. Le débat est parfois tendu entre tribunal et conseil général. L'ASE peut même devenir partie prenante à la procédure puisque la Cour de cassation lui reconnaît un droit d'appel.

L'ASE est déjà sollicitée pour apporter les informations complémentaires qu'elle pourrait posséder sur une situation dont le tribunal aura pu avoir connaissance hors d'un signalement.

Le tribunal peut aussi confier un ou des enfants à l'ASE qui veillera à l'accueillir soit à travers le foyer départemental de l'enfance, son réseau de foyers ou de familles d'accueil pour une mise en protection et une proposition d'orientation après avoir recollé tous les morceaux de l'histoire familiale.

Le juge peut également lui donner mandat de suivre la famille dans le cadre d'une mesure éducative à domicile. Mais les conseils généraux préfèrent voir ces mesures confiées au secteur associatif habilité. Ils assureront le coût de la mesure.

**Le réseau associatif** habilité offre également une forte capacité d'accueil sur une durée plus ou moins longue pour ders enfants retirés de chez eux ou que leurs parents ne peuvent pas accueillir. Les frais de fonctionnement sont au final assumés par l'ASE, sauf les mesures d'investigations payées par la PJJ.

L'ASE héberge physiquement cent quarante mille enfants sur l'année, elle en suit également cent cinquante mille qui vivent chez eux et en aide encore cent cinquante mille par des secours financiers et des allocations mensuelles versées aux parents. Au total, son budget est de 6,2 milliards en 2011.

**En pratique, le juge ne peut plus faire appel à la protection judiciaire de la jeunesse** quasi totalement recentrée sur le pénal pour accueillir ou pour suivre un enfant en danger. On est presque revenu à avant 1958. La PJJ ne peut effectuer que des évaluations. On le regrettera.

## § 7. Quelle défense ?

Chaque parent peut être assisté d'un avocat de son choix ou demander à ce qu'il lui en soit désigné un par le bâtonnier.

L'enfant peut aussi être assisté d'un conseil qui lui soit personnel. Le juge qui est saisi par un enfant doit l'informer de son droit d'être assisté ; le magistrat peut prendre l'initiative de faire commettre un avocat.

Désormais, des avocats se sont spécialisés pour assister des enfants dans une démarche souvent mal aisée. Il faut tenir compte de son âge et de sa capacité à s'exprimer. Il faut l'aider à voir plus loin que son intérêt à court terme.

L'avocat convoqué aux audiences peut provoquer des audiences. Il a accès au dossier et peut disposer d'une copie.

Le juge, à travers son greffier, doit faciliter l'accès au dossier aux parents (Décr. du 15 mai 2002) et à l'enfant s'il le souhaite. Il sera alors assisté d'un avocat, d'un éducateur ou d'un parent. Tout le dossier est accessible, sauf au juge, par décision motivée, à faire retirer tel document. On vise une enquête sociale contenant des secrets de famille ou encore des expertises psychiatriques.

## § 8. Quels recours ?

Les décisions du juge des enfants sont généralement susceptibles d'appel. Auparavant, les parents, sinon l'enfant, n'hésitent pas à saisir le juge d'un courrier pour demander une audience et tenter d'obtenir la modification de la décision en cours. Les services sociaux n'hésitent pas également à demander au juge de revenir sur une décision. L'ASE, on l'a dit, peut faire appel.

## § 9. Quid une fois l'enfant devenu majeur?

Tout logiquement, le juge pour enfants doit clore le dossier les 18 ans une fois acquis. Pour autant, depuis 1974, le jeune qui s'estime encore fragile a la possibilité de demander au juge des enfants de continuer à bénéficier d'une prise en charge éducative. Les parents ne peuvent pas faire cette demande en son nom. En pratique, la protection judiciaire à la jeunesse s'étant retirée et rechignant à financer les équipes privées, le juge n'a plus les moyens d'aider les jeunes majeurs. On le déplorera.

L'ASE disposant elle aussi de la faculté de continuer à suivre un jeune au-delà de ses 18 ans dès lors qu'il le demande, le juge tentera de la mobiliser. Ici il ne peut rien exiger d'elle. Force est de constater que les conseils généraux, eux-mêmes pris par des problèmes financiers, répugnent de plus en plus à assumer un suivi éducatif pour les jeunes de plus de 18 ans dans la mesure où il faut souvent les héberger donc avec un coût de revient élevé par mesure. Il est grand temps de mettre en place un statut des jeunes majeurs de 18-25 ans.

## § 10. Quid des prestations familiales ?

Les parents perçoivent les prestations sociales dont les prestations familiales ouvertes du chef de leur enfant. Ils en ont la maîtrise. Pour autant, les services sociaux et la justice veillent à ce qu'elles profitent réellement aux enfants.

Tous les parents ne savent pas gérer leur budget. D'autres ont tout simplement des problèmes financiers majeurs. Un dispositif permet de longue date de confier la gestion les allocations familiales à un tuteur, personne privée ou associative qui gérera cet argent dans l'intérêt des enfants avec le souci d'apprendre aux parents à le gérer seuls. Il faudra souvent faire face à des dettes importantes et négocier des plans de remboursements. Régulièrement, la famille sollicite une mesure appelée depuis 2007 « aide à la gestion des prestations familiales » pour bénéficier pour obtenir de n'être pas expulsée ou saisie. Quoi qu'on en pense ce dispositif est attentatoire à la liberté des familles.

Amener la justice à s'attacher aux enfants en danger fut une avancée. On a pu aller jusqu'à abuser des réponses judiciaires. Remobiliser l'action sociale territoriale ne doit pas conduire à nier tout rôle à la justice qui doit jouer son rôle de recours.

## Titre 4
# Une justice pour rendre justice à l'enfant

Depuis les années quatre-vingt la justice, et en arrière-fond la société, ont pris conscience que trop d'enfants vivaient des atteintes majeures à leurs droits fondamentaux comme le droit à l'intégrité physique ou sexuelle. Victimes d'infractions commises dans ou hors la famille, il était temps de mieux prendre en compte leur position de victime, devant les juridictions de jugement certes, mais déjà par la police et la justice qui pouvaient inconsciemment les maltraiter. Il fallait ouvrir les oreilles et les yeux des professionnels et déjà légitimer la parole de l'enfant : les deux démarches s'imposaient pour disposer d'une parole de victime susceptible de soulever la chape de béton et rompre l'omerta.

Si beaucoup a déjà été fait, on est encore au néolithique de la prise en compte de l'enfant victime par les juridictions pénales. Le souci n'est pas seulement de faire condamner les auteurs d'agressions, mais de rendre justice aux enfants qui culpabilisent et angoissent à l'idée de faire punir leur agresseur, surtout si ce sont des proches.

Le législateur, notamment en 1998 sous l'impulsion du mouvement associatif, a voulu lever les obstacles qui paralysent les poursuites pénales et rendent aléatoire la réponse judiciaire.

**L'enfant, une victime spécialement protégée**

On est régulièrement surpris que des enfants puissent être victimes d'infractions dans nos pays dits développés. Pourtant cette réalité s'impose. Et force est également de reconnaître que souvent des enfants sont victimes d'autres enfants.

On pense immédiatement aux violences physiques, souvent sexuelles, infligées dans la famille, mais aussi hors la famille, dans la rue ou dans des institutions, parfois relevant du dispositif de protection de l'enfance.

Comme n'importe qui, des enfants se font régulièrement voler et dépouiller, sont victimes d'injures, de discriminations et d'autres illégalités sans que leur statut d'enfant n'interfère. Par exemple, lors d'un accident de la circulation lié à une imprudence ou à une violation explicite du Code de la route, si un enfant est blessé. Mais fréquemment le fait que la victime soit un enfant n'est pas indifférent dans la commission même de l'infraction. Sa faiblesse, réelle ou supposée, facilite des passages à l'acte, quand tout simplement son état d'enfant n'intéresse pas spécifiquement l'infracteur.

Il convient donc déjà de considérer l'enfant victime, comme toute victime, mais en outre de le protéger spécifiquement. Compte tenu de leur particulière vulnérabilité, la société se doit encore plus de protéger les jeunes personnes (et les personnes vulnérables en général), pour leur faire rendre justice une fois un délit ou un crime commis à leur encontre, mais aussi pour empêcher, autant que faire se peut, que quelqu'un profite de la faiblesse d'un enfant.

Ainsi, l'enfant souvent considéré par son agresseur comme incapable de restituer ce qu'il a subi, donc de le dénoncer, il faudra avoir le souci de faciliter l'expression des plus jeunes – avec ou par-delà les mots – sur ce qui a pu leur advenir sachant que ces jeunes victimes peuvent avoir peur ou honte de parler, parfois tout simplement estimer que l'acte subi est « normal ». L'agresseur en joue pour essayer d'échapper à la sanction.

Quelle crédibilité accorder à cette parole ? Non pas pour la mettre en doute *a priori*, mais éviter d'en perdre l'essence. Comme tout un chacun l'enfant restitue sa vérité. L'enquêteur doit la remettre dans son contexte et prendre en compte si possible d'autres éléments pour rendre justice à tous, y compris au mis en cause qui peut être innocent ou avoir des explications à avancer.

**Quid de l'enfant dans le droit pénal des victimes ?**

La prise en compte de l'enfant par notre droit pénal est une donnée récente : elle remonte au début du XIXe siècle. Elle est encore loin d'être satisfaisante dans les textes et au quotidien.

Le Code pénal de 1810 ne se préoccupe pas particulièrement des victimes mineures. Il condamne l'infanticide, l'enlèvement de mineur de 18 ans, l'abandon d'enfant de moins de 7 ans et l'avortement. Ce n'est qu'à la fin du XIXe siècle (L. du 19 avr. 1898) que les violences à enfants, y compris par abstention, sont spécialement punies par l'introduction d'une circonstance aggravante : l'état de minorité de la victime. Il aura donc fallu attendre la scolarité obligatoire (1881), la deuxième Révolution industrielle et la prise de conscience de l'ampleur des mauvais traitements infligés aux enfants dans leur famille alors que la France souhaitait disposer de soldats forts et généreux pour reconquérir l'Alsace et la Lorraine.

Dans la deuxième partie du XX^e^ siècle, cette protection s'est accentuée en France surtout à partir de 1981 avec le rapport du docteur Pierre Strauss sur la maltraitance à enfants, puis l'histoire du petit David, l'enfant du placard[1] et les circulaires sur l'en-

1. En 1982, David, âgé de 12 ans environ, était enfermé dans un placard par sa mère pour échapper au regard de son beau-père. Durant la journée son petit frère lui ouvrait sa prison. L'enfant avait déjà fait l'objet de violences repérées comme telles deux ans plus tôt, mais pas signalées au bon interlocuteur par l'hôpital. La séquestration aurait duré huit ans. Cette affaire suscita une remobilisation institutionnelle majeure pour améliorer le recueil et le traitement des signalements d'enfants maltraités. Une circulaire interministérielle associant l'Éducation nationale – une première – fut signée en 1983 suivie de cinq circulaires d'application dans les ministères concernés. Cette dynamique dura une décennie concrétisée notamment en 1985 par le travail sur les violences sexuelles, sur les violences institutionnelles et la loi du 10 juillet 1989. Fort heureusement le petit David Bisson s'est relativement bien sorti de cette histoire, malheureuse dans tous les sens du terme qu'il a contée dans un livre.

fance maltraitée qui en ont résulté en 1983. Le nouveau Code pénal de 1984, dit « Code Badinter », a permis de franchir une étape décisive, mais il a fallu le compléter par des lois essentielles comme celle du 10 juillet 1989 sur l'enfance maltraitée et la loi du 17 juin 1998 sur la prévention des violences sexuelles à enfants[1].

Notre société est aujourd'hui plus sensible au besoin de protection de l'enfance. Pour autant les faits où des enfants sont victimes se sont-ils multipliés? La réponse ne va pas de soi. Il est scientifiquement impossible d'établir qu'il y a actuellement plus de violences à enfant que par le passé. Les comparaisons manquent. En vérité, tout pousse à penser, si l'on s'attache au développement de notre société, que toutes proportions gardées. Les enfants sont mieux respectés aujourd'hui que par le passé, car plus désirés et plus rares. Reste là encore que l'on est dans le subjectif, En tout cas, on est plus sensible aujourd'hui aux violences à enfants de tous ordres (physiques, sexuelles, psychiques, dans ou hors la famille). Dès lors on hésite

1. R. Nérac-Croisier, *L'efficacité de la protection pénale du mineur victime d'abus sexuel. Le mineur et le droit pénal*, L'Harmattan, 1997.

moins à parler, y compris à faciliter l'expression de la victime. La violence est mieux considérée et moins banalisée.

**Qu'est-ce qu'un enfant pour le droit pénal des victimes ?**

La loi du 5 juillet 1974, a ramené la majorité civile de 21 à 18 ans (C. civ., art. 388). Les mineurs sont spécialement protégés émancipés ou non.

Fréquemment l'enfant de moins de 15 ans jouit d'une protection renforcée ; parfois l'enfant de moins de 6 ans est spécialement pris en considération.

**Quid du fœtus ?**

Si l'enfant s'entend de la personne née vivante, le droit pénal ne se désintéresse pas totalement du fœtus. Ainsi la Cour de cassation refuse toujours l'application des dispositions de l'article 221-6 du Code pénal relative à l'homicide involontaire au fœtus comme c'est le cas, par exemple, dans l'hypothèse d'un accident de la circulation où la femme enceinte perd son enfant[1]. Si la mère n'est pas elle-même blessée il ne pourra pas y avoir lieu à poursuites pénales. Si l'enfant perd la vie *in utero* il n'y aura pas de poursuite

1. Ass. plén. 29 juin 2001, *Bull.* 165.

pénale possible. En revanche, si un enfant blessé durant sa vie intra-utérine décède quelque temps après sa naissance; la Cour retient l'homicide involontaire![1] La Cour européenne de justice fait preuve de la même prudence[2].

Le législateur n'a pas osé intervenir sur cette matière en incriminant l'homicide involontaire du fœtus sans doute de crainte de se rapprocher d'une condamnation de l'IVG.

Par ailleurs il condamne "l'expulsion" du fœtus du ventre de sa mère sans juste motif. L'interruption volontaire de grossesse (IVG) n'est possible que dans des conditions très strictes variant selon qu'il s'agit ou non d'une nécessité thérapeutique. La loi ne consacre donc pas totalement un droit à la vie de l'enfant. Elle a passé un compromis entre le droit de l'enfant à vivre et le droit de sa mère à ne pas aller jusqu'au bout de sa gestation[3].

---

1. Crim. 2 déc. 2003, *D.* 2002. 3001.

2. CEDH 8 juill. 2004, *Vo c/France*, *D.* 2004. 2456, note J. Pradel.

3. On aurait pu imaginer que l'enfant à naître soit doté d'un administrateur *ad hoc* et d'un avocat chargés de défendre ses intérêts, notamment de ne pas être expulsé avant le terme des neuf mois et son droit de venir au jour quitte à être remis à sa naissance à des personnes ou à une institution qui acceptent de s'en préoccuper. Mais l'embryon n'est pas une personne juridique… s'il ne naît pas viable. Le problème est escamoté dans l'intérêt général.

Bien sûr, la loi interdit l'IVG sans l'accord de la femme, même mineure. Elle autorise l'avortement aux mineures qui le souhaitent, y compris sans raisons médicales, quitte à recueillir leur accord hors la présence de leurs parents pour s'assurer que ces jeunes femmes ne sont pas victimes de pressions familiales. Une jeune fille a le droit de mener à terme sa grossesse, quitte à renoncer, à la naissance ou plus tard, à exercer l'autorité parentale.

**L'accouchement sous « X »**

La femme enceinte, majeure comme mineure, peut accoucher sous « X », c'est-à-dire sans révéler son nom. Il s'agit dit-on de lutter contre les infanticides. D'une disposition sociale en 1942 (la jeune mère peut sortir de l'hôpital ou de la clinique sans déclarer son identité et sans avoir quoi que ce soit à payer), on en est venu en 1993 à une disposition civile (le droit de la mère d'accoucher anonymement c'est-à-dire de priver son enfant de filiation)[1]. Rien ne démontre que ce

1. Maître Pierre Verdier propose de passer à une autre étape avec un dispositif d'accouchement protégé qui permettrait d'établir autant que faire se peut la double filiation biologique de l'enfant sans empêcher les parents qui ne peuvent pas assumer leurs responsabilités de s'en désengager et d'ouvrir la

dispositif qui n'existe qu'en France et au Luxembourg ait réduit le nombre d'infanticides ; en revanche, il prive l'enfant de son identité biologique : non seulement il n'aura pas sa filiation maternelle établie, mais il est aussi généralement privé de sa filiation paternelle si jamais le géniteur est informé de la grossesse. Ces dispositions[1] sont choquantes au regard du droit de tout individu à disposer de son histoire. Chacun est un mille-feuille unique dont toutes les couches de vie doivent être respectées.

**La preuve de l'âge de la victime**

Cette question est essentielle dans cette matière. Régulièrement, notamment en matière sexuelle, l'auteur d'un délit ou d'un crime dont une jeune personne a été victime allègue qu'il n'avait pas réalisé qu'il s'agissait d'un enfant ! De fait certains jeunes ne font pas leur âge ; beaucoup cherchent à se vieillir.

L'appréciation de l'âge est une donnée objective : peu importe l'idée que s'en est

---

possibilité à l'enfant d'être accueilli dans une famille qui devienne la sienne par l'adoption. La mère aurait l'obligation de donner son identité et autant que possible celle du père.

1. L'accouchement sous « X » repose aujourd'hui sur trois textes : l'article 326 du Code civil, l'article L. 222-6 du Code de l'action sociale et des familles et l'article 57 du Code civil.

faite l'infracteur. En revanche, une fausse représentation pourra entrer en ligne de compte pour l'appréciation les circonstances atténuantes lors du prononcé de la peine applicable, mais elle n'interférera pas sur la définition de l'infraction ou de la circonstance aggravante.

Pour établir l'âge au moment de l'infraction on s'attachera donc aux papiers d'identité de l'enfant (C. civ., art. 47) et, à défaut, à des examens médicaux. Les « examens osseux » sont scientifiquement contestés avec une marge d'erreur de plus ou moins dix-huit mois[1]. Pour la Cour de cassation, de longue date, l'état de minorité peut, à défaut de production de l'acte de naissance non constatable, être déclaré par le juge à l'aide de toute preuve fournie par l'instruction et les débats. Cette appréciation dépend des seuls juges du fond[2].

**Les enfants bénéficient (depuis peu) de la meilleure prise en compte de la victime dans le droit pénal.** D'une place de témoin, le statut des enfants a évolué récemment à

---

1. Des pays comme l'Allemagne y ont purement et simplement renoncé.

2. Crim. 5 mars 1863, *DP* 1867. 5. 30.

celui de victime à part entière quand de longue date, la victime était un élément secondaire du procès mené au nom de la protection de la société contre l'infracteur par la puissance publique.

Traditionnellement, dans le droit pénal moderne, la victime est, au mieux, inscrite dans un rôle de témoin privilégié. Dans la phase policière, à supposer qu'elle soit prise en considération – cf. les difficultés rencontrées par de nombreuses femmes pour porter plainte contre les violences subies – et si on la tient pour crédible, on cherchera à faire dire à la victime comment s'est produite l'infraction, puis on s'efforcera de vérifier ses dires et de confondre l'infracteur.

Dans le procès dont le parquet prendra l'initiative, la victime est vouée à un strapontin dans tous les sens du terme[1]. Elle a intérêt à être solidement assistée pour passer outre à un refus du parquet d'engager des poursuites. Elle reste le plus souvent confinée dans un coin de la salle pendant que le procès lui échappe. Vers la fin de son instruction

1. Des instructions ont été données récemment pour prévoir un banc aux victimes dans les salles d'audience où trop souvent aucune place ne leur a été réservée à la différence du sort fait à l'accusation et au prévenu.

orale, le président la fait venir à la barre, après lui avoir demandé si elle se constitue partie civile, ce qui a l'art de la dérouter eu égard au langage utilisé. Le plus souvent seule avec ses mots, debout à la barre, supportant le poids particulièrement pesant de l'ambiance judiciaire, elle tente d'exprimer en quoi elle a subi physiquement, matériellement ou moralement. L'épreuve touche à son comble quand il lui est demandé – obligation légale et non sadisme ! – de chiffrer et de justifier ses demandes. Sans conseil, elle sera souvent amenée à les sous-estimer. Elle pourra se retrouver à devoir s'excuser d'avoir subi un préjudice, soupçonnée de vouloir tirer bénéfice de cette situation. Tout simplement, traduire en argent un préjudice souvent moral et psychologique est un exercice délicat. Devant la difficulté la victime renonce régulièrement. Une fois recueillie sa parole, le procès reprend son cours entre professionnels. D'abord, le parquet prend le relais en utilisant les propos de la victime dans sa démonstration. Le prévenu ou l'accusé se défend en fin avec vigueur à travers son avocat, puis a le dernier mot avant que le verdict. La décision prononcée, la victime passe largement au deuxième plan et est généralement totalement oubliée même si des présidents d'audience peuvent avoir un mot en sa direction.

Cette présentation est à coup sûr excessive, mais si peu! Cette réalité judiciaire a trop longtemps été estompée. Il fallait réagir, rééquilibrer ce processus, sans pour autant tomber dans l'excès inverse.

Toute victime vit mal le fait que le procès est souvent centré sur l'auteur. C'est le procès de l'infracteur, pas le sien! Souvent l'accusé réunit plus de compassion sur lui que la victime. Il peut même s'agir de sa part d'une stratégie explicite plus ou moins couronnée de succès.

Si l'on se préoccupe de la victime, c'est fréquemment pour rechercher en quoi elle peut être à l'origine du drame qu'elle aura vécu. Ne l'a-t-elle pas dans une certaine mesure provoquée? Une minijupe n'est-elle pas une provocation! Les enfants sont des séducteurs auxquels les adultes succombent! En la faisant parler de mieux punir l'infracteur. Ce qui souvent ne l'intéresse pas : elle attend en revanche qu'on lui manifeste de l'intérêt pour elle et ce qu'elle a vécu. Très fondamentalement le cantonnement de la victime traduit le souci de la société de bien marquer que la justice est une affaire publique placée sous la responsabilité de l'État qui ainsi légitime pour partie son rôle. Généralement sa plainte ne sera pas nécessaire pour enclencher des poursuites. D'où aussi cette place cantonnée.

**Une place aux victimes**

Dans les dernières décennies, « sans égaler le statut de l'auteur présumé du dommage ou de l'infraction, le statut de la victime s'affine et s'affirme progressivement »[1].

On n'évite pas les excès, au moins dans les discours, sur une justice qui devrait désormais être centrée sur la victime. Anecdotique, mais révélateur, on commence à envisager dans la géographie des nouvelles salles d'audience à lui faire une place de la même importance que celle consacrée à la personne poursuivie ; des permanences d'assistance juridique aux victimes sont installées dans les tribunaux le Bureau de l'exécution des peines (BEX) est ouvert aux victimes, On lui explique alors le contenu sinon le sens de la décision, son droit de faire appel et on l'informe sur la manière d'être indemnisée.

1. G. Lopez, S. Portelli et S. Clément, *Les droits des victimes. Droit, auditions, expertise, clinique*, 2e éd., Dalloz, coll. « États de droits », 2007, p. 9.

La victime, notamment mineure, pourra saisir **la Commission d'indemnisation des victimes** (CIVI) via ses parents ou tuteur. La loi du 1er juillet 2008 lui permet notamment de demander une aide pour le recouvrement des dommages et intérêts, ainsi que le remboursement des frais de procédure alloués.

**Un service d'assistance au recouvrement des victimes d'infractions** (SARVI) peut, dans un délai de deux mois, accorder à la victime le paiement intégral des dommages et intérêts ou une provision[1] (cf. *infra*).

**Des bureaux d'aide aux victimes** sont instaurés (L. du 9 sept. 2002)[2] au sein des commissariats et des brigades de gendarmerie afin de soutenir et de proposer une assistance aux victimes d'infraction pénale. Parfois des assistants sociaux en charge spécialement d'accueillir ces victimes y sont même implantés[3].

**Un institut national d'aide aux victimes** (INAVEM) leur est dédié. Dans les départements des **associations d'aide aux victimes** ont été montées avec l'aide des tribunaux

1. ASH 10 oct. 2008.
2. Circ. NOR/INT K 05 00059 C du 27 mai 2005.
3. Comme à Melun-Sénart dans le cadre d'une convention passée avec l'association ESPOIR.

(parquet et conseil départemental de l'accès au droit – CDAD, afin de conseiller et d'accompagner les victimes). Ainsi ces associations avec le conseil général offrent des administrateurs *ad hoc* aux enfants violentés.

Au ministère de l'Intérieur, **une délégation d'aide aux victimes** est chargée de piloter la politique d'aide aux victimes en collaboration avec les associations d'aide aux victimes. Des schémas départementaux d'aide aux victimes d'infractions pénales sont élaborés avec les conseils départementaux d'accès au droit.

**Des dispositifs d'accueil téléphoniques** ont été mis en place notamment pour les enfants : le **119**.

La loi du 2 janvier 2008 a instauré un juge est dédié délégué aux victimes qui sera le président de la CIVI du TGI. Il vérifiera que celles-ci ont bien été informées de leurs droits dès la procédure policière, au moment de recueillir leur déclaration[1] et les relaiera en veillant à leur indemnisation.

On entend même aujourd'hui associer plus ou prou les victimes aux aménagements de peines prononcées contre leurs infrac-

1. Décr. n° 2007-1605 du 13 nov. 2007 (*JO* 15 nov.).

teurs. On a compris l'intérêt de certaines victimes pour dépasser l'agression et de se reconstruire d'être confrontées avec leur agresseur.

**Et les enfants victimes ?**

Tout ce dispositif vaut pour les mineurs et les proches qui veillent sur eux.

Bien évidemment, il a fallu tenir compte de la spécificité enfant et déjà de la nature des infractions dont ils sont l'objet : on pense aux violences sexuelles dans ou hors la famille avec la nécessité d'organiser la défense de ces victimes, avant de veiller à un recueil performant de leur parole.

Pour cela, il a fallu non seulement adopter des dispositifs techniques originaux, mais dépasser les blocages psychologiques qui voulaient notamment que les enfants, *a fortiori* victimes, ne soient pas fiables dans leurs propos. Mieux, prendre en compte l'enfant-victime appelle déjà d'écouter la parole de l'enfant : on ne peut pas l'exclure, on se doit même de la faciliter.

Cette parole a longtemps été considérée comme négligeable, *l'infans* étant par définition celui qui est incapable de conceptualiser et d'exprimer.

Un dédain profond à l'égard de l'enfant a dominé durant encore une grande partie du xx^e siècle. Non seulement l'enfant était tenu pour non fiable mais par principe comme un menteur. En 1891, Auguste Motet écrivait : « Les témoignages des enfants sont à bon droit suspects, et le mensonge est chez eux si commun qu'on doit se tenir en garde contre des exagérations qui peuvent être terribles de conséquences »[1].

Avec l'émergence de la représentation de l'enfant comme personne sa parole est depuis les années quatre-vingt-dix plus souvent écoutée, mieux, entendue.

Pourtant ce serait une erreur majeure de la sacraliser[2]. Elle doit être « critiquée » c'est-à-dire vérifiée, validée, corrélée et souvent complétée. Des confrontations, des expertises, la recherche de preuves matérielles s'imposent toujours. Parfois, malheureusement, ces actes ne sont pas faits.

---

1. A. Motet, « Faux témoignages par les enfants, accusations de tentatives de viol », *Annales d'hygiène publique et de médecine légale* n° 25, 1891, p. 83-88.

2. Robert Badinter n'a pas été le dernier à faire un constat sans doute sévère, mais de bon aloi : « Certains sont passés de l'idée juste et forte que le corps et la personne de l'enfant devaient être sacrés à l'idée que la parole même de l'enfant devait être sacralisée ».

Certaines affaires comme le procès dit « d'Outreau » (2001-2006) ont réalimenté les vieilles réserves sur la parole des enfants et, d'une manière générale, sur des victimes soupçonnées de nuire à la sérénité de la justice. L'affaire d'Outreau n'est en vérité pas celle du mensonge des enfants accusateurs, mais celui de l'incapacité de certains professionnels à exercer leurs missions en respectant les règles du jeu posées par la loi. Trop vite on a affirmé qu'il fallait revenir sur la loi du 17 juin 1998 quand des policiers et des magistrats ont été défaillants pour ne pas avoir été de vrais professionnels. Bien respectée par des intervenants sensibilisés et formés aux techniques modernes d'audition des enfants, la loi tant décriée s'est avérée pertinente lors du procès d'Angers qui, sur des faits aussi graves, quelques mois après Outreau, mettait en cause comme victimes bien plus d'enfants, fut exemplaire. Depuis, on ne parla plus de changer la loi sauf marginalement. En 2005, le rapport Viout[1], en charge de faire le point sur la pertinence de cette loi du 17 juin 1998, a exprimé sa crainte

1. www.ladocumentationfrancaise.fr/rapports-publics/054000099/index.shtml.

du retour de flamme post-Outreau : « Cette parole ne saurait retomber dans les limbes de l'indifférence d'autrefois, au vu et au prétexte de l'affaire d'Outreau »[1]. C'était une méprise de sacraliser la parole de l'enfant, ce serait aujourd'hui une erreur de dénigrer, sinon de nier cette parole. Il faut l'entendre avec une dimension critique comme toute parole en justice. Nous sommes seulement en train de quitter le néolithique.

**L'enfant souvent victime de ses proches**

Une des difficultés majeures rencontrées pour protéger des enfants contre la survenance et la réitération d'agressions est bien le fait qu'elles interviennent au sein même de la cellule familiale. Ainsi 83 % des victimes de viol connaissaient leur agresseur[2]. Déjà qu'il est difficile par nature de pénétrer dans l'univers familial, force est d'observer que les enfants sont « ligotés » par cette situation :

– leur univers est généralement limité aux frontières de la famille ; ils imaginent mal

1. Rapport de la commission chargée de traiter les enseignements du traitement judiciaire de l'affaire dite d'Outreau (févr. 2005) (http://lesrapports.ladocumentationfrancaise.fr/BRP/054000099/0000.pdf).

2. V. Le Goaziou et L. Mucchielli, « Les viols jugés en cours d'assises, typologie et variations géographiques », *Questions pénales*, sept. 2010 (www.cesdip.fr).

qu'ils puissent avoir une vie autre au-delà ce cadre. Ils en sont souvent à tenir pour « normal » ce qu'ils vivent ;

– surtout ils sont dans une obligation de loyauté envers leurs proches qui peuvent être dans le même temps leurs tortionnaires ;

– tout simplement ils aiment leurs parents.

Détail, mais d'importance majeure : dans des violences sexuelles d'un frère sur une sœur, souvent les parents auront à protéger à la fois l'enfant victime et l'enfant auteur

**Un statut juridique renforcé**

Indéniablement, on a raison de mieux considérer les enfants victimes d'infractions pénales. Reste que composé de nombreuses règles ou dispositions entassées les unes sur les autres, accumulées au fil du temps et des réactions du moment, ce droit peut apparaître disparate, confus, complexe, difficilement intelligible en tout cas. Il n'est pas encore achevé, si tant est qu'il le soit un jour !

Tout ne doit pas relever d'une réponse pénale. Des réponses familiales ou institutionnelles, spécialement scolaires, peuvent être adaptées quand des réponses judiciaires seraient démesurées. Et la protection de l'intégrité physique de l'enfant ne doit pas faire oublier également que l'enfant est un être en découverte qui expérimente et teste la vie.

On serait tenté aujourd'hui, implicitement ou explicitement, à développer publiquement que le balancier est allé très loin, trop loin. Les sanctions prononcées par les juridictions en matière sexuelle sont sévères. Notre pays serait l'un des plus sévères en Europe. Pour beaucoup on aurait perdu le sens de la mesure. D'autres[1] ajoutent que ce n'est pas nécessairement un bon service à rendre aux enfants que de les embarquer dans un procès pénal long et traumatique à l'issue fortement aléatoire.

Pour autant il paraît difficile de revenir au temps où l'enfant victime était un objet judiciaire sans poids et sans prix. Il faut certes résister à la dynamique d'une justice mue par les seules victimes : on quitterait le champ de la justice pour revenir à celui de la vengeance.

Notre droit pénal se devait d'être plus protecteur des enfants ; il fallait une vigilance toute particulière pour prendre en compte les jeunes victimes. Petit à petit, une compétence spécifique est en train d'émerger chez les

1. H. Van Gijseghem, in *JDJ*.

enquêteurs, chez les magistrats et d'une manière générale dans les institutions de protection de l'enfance. Un nouvel équilibre se construit qui se positionnera à un niveau certainement plus protecteur des enfants. Il pourra peut-être contribuer à prévenir de nouveaux passages à l'acte. Il était grand temps.

L'enfant est désormais pris en compte sous deux angles :

– un droit pénal spécifique a émergé qui contribue en pleins et en creux à dessiner un statut de l'enfant ;

– une procédure pénale particulière s'efforce de compenser la faiblesse de l'enfant à se faire rendre justice.

## I. – Un droit pénal spécifique pour les enfants victimes

Un droit pénal des enfants spécifique a émergé autour de quatre axes :

– la minorité de la victime peut être une condition préalable à l'infraction ;

– la minorité est une circonstance aggravante de l'infraction ;

– des peines spécifiques peuvent être infligées aux infracteurs dont les enfants sont victimes ;

– des aménagements du droit à l'oubli ont pour objectif de protéger contre de nouveaux passages à l'acte.

## Premier axe
## *La minorité élément constitutif de l'infraction*

Ces infractions sont très nombreuses. Un survol permet de dessiner ce statut fait à l'enfant-personne en France. La hiérarchie des peines est un marqueur intéressant des priorités.

Fréquemment, les associations habilitées par leurs statuts à défendre les enfants maltraités peuvent se constituer partie civile si les poursuites ont été engagées par le procureur (C. pr. pén., art. 2-3).

### § 1. La protection de la personne de l'enfant en plein et en creux

Il ne s'agit pas seulement de protéger l'enfant contre des violences de toute nature susceptibles de mettre en jeu sa santé ; la loi a également le souci d'assurer à l'enfant certaines prestations ou certains comportements. En d'autres termes, depuis la loi du

19 avril 1898, on incrimine tout autant ces omissions ou manquements dont l'enfant pourrait être la victime que les coups qu'il pourrait recevoir.

## A. La protection de la santé

### 1° La mise en péril d'un enfant

L'abandon d'enfants est devenu rare. Il s'agit de veiller à ce que lui soient prodigués les soins de tous ordres nécessaires pour survivre.

#### *a) Le délaissement*

Si on incrimine le délaissement de toute personne hors d'état de se protéger elle-même (C. pén., art. 222-3), un sort spécifique est fait aux enfants de moins de 15 ans (C. pén., art. 227-1) quand le Code pénal de 1810 protégeait les moins de 7 ans.

Il faut un acte positif et matériel de nature à laisser penser que l'auteur avait la volonté de se débarrasser **définitivement** de l'enfant pour échapper à ses responsabilités (Crim. 23 févr. 2000)[1].

Il n'y aura pas de délit punissable « si les circonstances du délaissement ont permis

1. *RSC* 2000. 610, obs. Y. Mayaud.

d'assurer la santé et la sécurité de celui-ci » (L. du 10 juill. 1989). En d'autres termes, si des personnes s'estiment incapables d'exercer leurs responsabilités sur leur enfant[1], on leur suggère de le faire sans le mettre en danger, notamment en s'appuyant sur les services sociaux ou de santé (hôpital, crèche), ou sur les églises où traditionnellement on déposait un enfant.

En revanche, ce sera une circonstance aggravante si, de ce délaissement, il est résulté une infirmité, *a fortiori* la mort (C. pén., art. 227-30 et 227-31).

Outre prison et amende, l'article 227-29 du Code pénal prévoit nombre de peines complémentaires comme l'interdiction des droits civiques, civils et de famille, la confiscation du permis de conduire, l'obligation d'accomplir un stage de responsabilité parentale. Le retrait de l'autorité parentale est possible (C. civ., art. 378).

1. Depuis la loi du 6 juin 1984 on se refuse à utiliser le mot abandon qui est afflictif tant pour l'enfant qui le supporte que pour le parent. On a notamment promu une expression plus positive : remise aux foins d'adoption.

### *b) La privation d'aliments et de soins*

Pour ne pas subvenir aux besoins élémentaires de l'enfant de moins de 15 ans (nourriture, soins nécessaires comme le fait de ne pas équiper de lunettes), on encourt sept ans d'emprisonnement et 10000 euros d'amende (C. pén., art. 227-15).

Sont visées les personnes tenues d'une obligation à l'égard de l'enfant, ascendant ou non donc au-delà des titulaires de l'autorité parentale (grands-parents ou tierces personnes en charge de l'enfant). Le compagnon de la mère sera punissable.

Il faut avoir eu une attitude de nature à causer un mal à l'enfant. Priver un enfant de dessert dans le cadre d'une punition familiale n'est pas un acte susceptible de compromettre sa santé. En revanche, refuser une transfusion sanguine pourrait être tenu pour punissable au titre de l'article 227-15 du Code pénal, même si l'on invoque des convictions religieuses.

Outre les peines classiques, on risque l'obligation d'accomplir un stage de responsabilité parentale.

### c) *La soustraction d'un parent à ses obligations légales (C. pén., art. 227-17)*

Il s'agit aujourd'hui moins de protéger la famille (par ex. abandon de famille; C. pén., art. 357-1, anc.) que l'enfant de la naissance à la majorité victime d'un abandon moral ou matériel.

Tous les parents sont visés, quelle que soit la nature de la filiation, si en se soustrayant aux obligations légales résultant de l'autorité parentale (C. civ., art. 371-1), ils ont compromis la santé, la sécurité, la moralité ou l'éducation de l'enfant. La Cour de cassation n'exige pas un dommage ou une atteinte irréversible. Ainsi des époux sont retenus pour coupables du manque de direction nécessaire à un enfant décidant d'envoyer seul, leur fils, alors âgé de 6 ans, dans une école dirigée par les adeptes du Sahaja Yogoa en Inde[1]. On les tient pour coupables d'avoir abandonné leur devoir éducatif sans limitation de durée, et dans un lieu situé à plusieurs milliers de kilomètres, dans une contrée difficile et éprouvée, cet abandon se traduisant par de

1. Association enseignant la pratique d'une technique de méditation; Crim. 11 juill. 1994, *JCP* 1995. II. 22441, note Eudier.

graves altérations sur le psychisme de l'enfant. En revanche, sont relaxés les parents ayant scolarisé leur enfant dans un ashram indien, dès lors qu'il est avéré que dix mois après son retour l'enfant ne souffrait d'aucune séquelle physique ou psychique et qu'il est socialement bien intégré[1].

On encourt deux ans et 30 000 euros d'amende ainsi que des peines complémentaires.

### *d) L'incitation d'un mineur à des comportements dangereux pour sa santé*

L'enfant est une personne influençable ; il s'agit de le protéger contre certaines incitations dangereuses qui contrebattent la protection familiale.

**La provocation à la consommation habituelle et excessive d'alcool (C. pén., art. 22719) protège tous les mineurs.**

On punit le fait d'inciter à une consommation habituelle et excessive. Un enfant – d'un certain âge – peut boire exceptionnellement et modérément dans une fête de famille. L'incitation publicitaire ne suffit pas : il faut un

1. Crim. 17 oct. 2001, *D.* 2002. 751, note Huyette.

acte direct vers l'enfant que le résultat recherché ait été atteint ou pas.

La peine de deux ans et 45 000 euros d'amende est portée à trois ans si des enfants de moins de 15 ans sont concernés ou si les faits se déroulent aux abords d'établissements pour enfants. Les peines complémentaires de l'article 227-29 du Code pénal sont encourues et un stage de responsabilité parentale peut être décidé.

La vente à un mineur et le fait de faire boire jusqu'à l'ivresse sont punis d'une amende assortie d'une peine complémentaire (stage d'éducation parentale, retrait de l'autorité parentale, etc.) (CSP, art. L. 3353-3 et L. 3353-4).

**La provocation à l'usage de stupéfiants (C. pén., art. 227-18) protège également tous les mineurs.**

La peine (trois ans et 100 000 euros d'amende) est aggravée (sept ans et 150 000 euros d'amende) si le mineur a moins de 16 ans ou si le délit se déroule aux abords d'un établissement scolaire. Les peines complémentaires de l'article 227-29 du Code pénal sont encourues ainsi que le stage de responsabilité parentale.

Le Code de la santé publique punit aussi la provocation à l'usage et au trafic de stupéfiants.

### 2° La maltraitance d'un enfant

Notre droit ne tolère que les violences légères infligées aux enfants. Il admet la gifle et la fessée que condamne la Cour européenne des droits de l'Homme dans son interprétation de l'article 3 de la Convention européenne.

Le Conseil de l'Europe a engagé en 2008 une campagne pour l'abolition des châtiments corporels. On attend que la France s'y engage concrètement[1] et par-delà les dispositions juridiques qui s'imposent que la puissance publique anime un débat sur l'exercice de l'autorité parentale sans violence. Trop de parents – notamment aujourd'hui dans les familles issues de l'immigration subafricaine et haïtienne – sont convaincus qu'en les privant du droit de battre leur enfant on les disqualifie et on les paralyse. Ils confondent violence et autorité : on peut exercer de l'autorité morale sur son enfant sans avoir à le battre.

1. À Stockholm, Mme Nadine Morano, ministre de la Famille, alors ministre européen en exercice, y a appelé en signant cet Appel le 10 septembre 2008.

### *a) Les violences habituelles sur mineurs (C. pén., art. 227-14)*

Sont protégés les enfants de moins de 15 ans, ainsi que toute personne vulnérable.

Au-delà des coups la loi s'attache aux violences psychologiques : tout acte ou comportement de nature à causer une atteinte à l'intégrité physique ou psychique de la victime par un choc émotif ou une perturbation.

On ne vise pas les coups et blessures volontaires « accidentels ». Il n'existe aucun argument éducatif pour justifier des brimades et violences habituelles comme les adeptes des théories comportementalistes le souhaiteraient. La Cour de cassation a eu l'occasion de l'affirmer le 2 décembre 1998 pour des sanctions infligées à des enfants autistes (privation de repas, enfermement dans un placard, administration de douche froide, obligation de ramasser des excréments). Nul pour quelconque raison ne peut être soumis à des traitements humiliants et dégradants[1].

La répression dépendra des séquelles pour l'enfant : trente ans de réclusion criminelle en cas de mort, vingt ans si mutilation ou infirmité permanente, dix ou six ans selon

1. Crim. 2 déc. 1998, *Bull. crim.* n° 327.

le degré d'incapacité totale de travail (ITT). La période de sûreté est applicable aux deux premiers cas de l'article 132-23 du Code pénal et de nombreuses peines complémentaires sont encourues (C. pén., art. 222-14).

Le point de départ de la prescription est le jour du dernier fait retenu.

### *b) La non-dénonciation d'infractions commises sur mineur*

Pour combattre la loi du silence, faire cesser des violences ou éviter leur renouvellement il faut s'assurer que les faits de violence à enfants seront connus et poursuivis, la loi prévoit deux infractions

**La non-dénonciation de crime sur personne de moins de 18 ans (C. pén., art. 434-1)**

La loi ne demande pas de livrer le coupable, ou même de donner son identité ou son domicile, mais de faire connaître les faits. Ainsi dès lors que les autorités sont informées d'un viol, personne ne peut être ensuite poursuivi pour non-dénonciation[1].

La personne retenue coupable devra supporter les conséquences financières de son attitude s'il en est résulté un préjudice

1. Crim. 13 oct. 1992, *Bull. crim.* n° 320.

démontrable. Ainsi l'évêque qui n'a pas permis de mettre fin au comportement sexuellement répréhensible d'un de ses prêtres doit supporter l'action civile des parents qui se plaignaient de n'avoir pu prendre en temps utile les dispositions opportunes pour faire face au comportement de leurs enfants qui réagissaient de manière incompréhensible à leurs yeux aux violences supportées de l'homme d'Église[1].

Une immunité familiale est consacrée par l'alinéa 2 du 434-1 du Code pénal, sauf pour les crimes sur les moins de 15 ans.

Ceux qui sont tenus par la loi pénale à une obligation de confidentialité (C. pén., 226-14) peuvent se taire. S'ils se taisent ils bénéficient d'un fait justificatif et donc ne sont pas punissables. Encore faut-il qu'ils aient fait le nécessaire pour éviter de nouveaux faits.

La sanction pour non-dénonciation de crime est de trois ans et 45 000 euros.

**La non-dénonciation de maltraitance sur enfant de moins de 15 ans (C. pén., art. 434-3)**

Elle étend donc la protection donnée par l'article 434-1 du Code pénal.

1. Crim. 27 févr. 2001, *Bull. crim.* n° 48.

Que l'enfant soit victime d'un crime ou d'un délit l'infraction est constituée. On vise désormais explicitement les violences sexuelles.

À la différence de la non-dénonciation de crime, peu importe qu'il soit encore possible de prévenir le renouvellement ou les effets des violences infligées.

Sont protégés les moins de 15 ans et les personnes vulnérables.

Il est indifférent que l'auteur soit majeur ou mineur. Aussi serait punissable en cas de violences dans un établissement scolaire le surveillant ou le chef d'établissement qui ne dénoncerait pas les faits de violence sur un jeune enfant à la police ou à la justice.

Il n'y a pas d'immunité familiale.

Les règles du secret professionnel permettent à celui tenu à l'obligation de confidentialité de l'article 226-13 du Code pénal d'apprécier s'il doit ou non dénoncer dès lors que les faits ne perdurent pas.

### *c) Le défaut de signalement de la disparition d'un mineur de 15 ans (C. pén., art. 434-1-1)*

Il faut avoir eu pour objectif d'empêcher ou de retarder les recherches. Nombre de parents négligent à déclarer l'absence ou la fugue de leur enfant. Certains finissent par tenir pour normal que leur rejeton disparaisse quelques jours pour aller vivre chez un copain ou une copine ! Ceux-là ne sont pas visés par la disposition issue de la loi du 5 mars 2007.

## B. Les atteintes à la moralité

Certaines infractions visent à protéger les mineurs contre des incitations à commettre des infractions ; d'autres contre des atteintes à leur fragilité et à leur libre arbitre.

### 1° L'incitation d'un mineur à commettre des infractions

Amener un mineur à commettre une infraction peut être poursuivi pour complicité par incitation (C. pén., art. 121-7, al. 2). Même sans qu'il passe à l'acte on peut être punissable.

#### *a) La provocation à la commission d'un crime ou d'un délit (C. pén., art. 227-21)*

Il s'agit de lutter contre ceux qui utilisent, croyant à l'immunité des enfants, pour commettre leurs délits comme des cambriolages ou des vols à la tire. L'enfant instrumentalisé est plus comme une victime qu'un auteur. Reste à interpeller ces personnes et donc à s'en donner les moyens policiers.

La loi incrimine une démarche ; peu importe le résultat. On vise les crimes et les délits. Les enquêteurs sont autorisés à user d'un pseudonyme dans leurs investigations sur internet à condition de ne pas faire de provocation.

Un acte isolé suffit désormais (L. du 9 sept. 2002). En revanche, l'habitude – on vise une industrie du crime – devient une circonstance aggravante : de cinq ans d'incarcération encourus on passe à sept ans, l'amende restant fixée au maximum à 150 000 euros.

Les peines complémentaires sont encourues ainsi que l'obligation d'accomplir un stage de responsabilité parentale.

### *b) La provocation au trafic de stupéfiants*

Cette infraction est complémentaire du délit de provocation à l'usage de stupéfiants. Il s'agit d'éviter qu'un mineur de 18 ans devienne un trafiquant, donc de la protection de sa moralité, pas de sa santé (C. pén., art. 227-18-1).

Cette provocation doit être directe comme la provocation à l'usage d'alcool ou de stupéfiants.

La peine est sévère : sept ans et 150 000 euros d'amende avec une circonstance aggravante si ces faits sont commis dans ou autour des établissements pour enfants.

Les peines complémentaires sont encourues ainsi que le stage de responsabilité parentale et le stage de sensibilisation aux dangers des produits stupéfiants (C. pén., art. 227-32).

Là encore les enquêteurs peuvent participer sous un pseudonyme aux échanges électroniques avec des personnes susceptibles d'être mêlées à ces infractions (C. pén., art. 706-47-3).

### 2° Les atteintes à la fragilité et au libre arbitre des mineurs

La loi punit ceux qui abuseraient de la faiblesse des enfants et de leur peu de libre arbitre.

#### *a) L'exposition d'un mineur à des messages choquants*

La libération des mœurs acquise dans la dernière période au nom de la liberté de conscience des adultes doit aller de pair avec la protection des plus fragiles, les enfants, pour veiller à la construction de leur personnalité.

La loi du 30 juillet 1987 protège expressément les abords des établissements scolaires.

Le message doit être susceptible d'être vu ou perçu par un enfant quel que soit son âge.

Différence notable par rapport à l'ancien délit d'outrage aux bonnes mœurs, les adultes ne sont plus visés. En revanche, tous les moins de 18 ans le sont et, compte tenu de l'ampleur du champ de l'enfance, la loi veut qu'une signalétique soit mise au point, pour la télévision, pour les CD-ROM, etc., afin d'indiquer quels publics sont susceptibles d'être choqués. Un an de prison et 15000 euros sont encourus.

Le message incriminé adressé doit être accessible. Une sex-shop qui n'expose pas en vitrine les articles proposés à la vente à l'intérieur de la boutique n'est pas condamnable. À l'inverse, exposer au tout-venant des revues dans un kiosque à journaux peut entraîner des poursuites. Quelles précautions ont été prises par le diffuseur pour ne pas faciliter l'accès aux jeunes personnes et le réserver aux adultes. Y compris sur l'internet.

Le message doit être violent, à caractère pornographique ou de nature à porter gravement atteinte à la dignité humaine.

Il faut avoir eu l'intention de toucher un public jeune. La preuve n'est pas facile à rapporter. Le fait de savoir qu'un public jeune était susceptible d'accéder au document suffit.

Si cette infraction est commise par voie de presse écrite ou audiovisuelle ou de la communication au public en ligne, les dispositions particulières régissant ces matières sont applicables. Le directeur de publication pourra donc être poursuivi.

Les peines encourues sont de trois ans d'emprisonnement et 75 000 euros d'amende avec les peines complémentaires de l'article 227-29 du Code pénal, le stage de responsabilité parentale. Le suivi socio-judiciaire est applicable.

Par dérogation, la prescription de dix ans ne court qu'à la majorité de la victime.

### b) *Le non-respect de l'obligation scolaire*

Depuis 1881, l'instruction des enfants – et pas la fréquentation de l'école – est un droit et un devoir pour eux et pour ceux qui exercent l'autorité parentale (C. éduc., art. L. 131-1).

Les responsables d'un jeune enfant sont donc tenus de veiller au suivi scolaire (C. pén., art. 227-17-1). L'enfant peut être scolarisé au domicile de ses parents. Encore faut-il veiller à respecter le contenu du programme prévu (C. pén., art. 227-17-1, al. 2).

On vise les enfants de plus de 6 ans et de moins de 16 ans.

Un millier d'enfants seraient scolarisés au domicile familial. On s'inquiète bien évidemment pour les enfants (six mille?) qui vivent avec leurs parents dans des mouvements tenus pour sectaires, qui, par définition, pratiquent l'autarcie tout en revendiquant de scolariser les enfants.

Seule l'inspection d'académie autorise une scolarisation à domicile (C. éduc., art. L. 131-10).

### *c) L'abus de l'état d'ignorance ou de faiblesse (C. pén., art. 223-15-2)*

Il faut protéger les personnes qui ne peuvent pas, de par leur état, se défendre seules contre les agressions de la vie. On ne vise pas spécialement les enfants; ni la seule défense des intérêts matériels.

Peu importe si le résultat a été obtenu. On pourchasse ceux qui, ayant conscience de cette faiblesse, ont tenté d'en abuser.

*A priori*, la peine de trois ans de prison et 375 000 euros est portée à cinq ans et 750 000 euros pour des dirigeants de structures juridiques ou de fait, faisant profession d'exploiter cette faiblesse.

Une personne morale peut être poursuivie.

Des peines complémentaires sont prévues (C. pén., art. 223-15-3).

### *d) La promotion des mouvements sectaires auprès des mineurs*

La loi du 12 juin 2001 (art. 19) renforce la lutte contre les mouvements sectaires en incriminant notamment la promotion de ces mouvements sectaires en direction des enfants.

La peine est de 7 500 euros d'amende.

Seuls les enfants sont protégés. Les adultes sont libres de rejoindre le mouvement de leur choix ; ils peuvent donc être informés sur leur existence.

## C. Les atteintes sexuelles

Les enfants sont protégés contre les atteintes et agressions à caractère sexuel car ils sont particulièrement vulnérables et souvent non susceptibles de mesurer la portée de certains actes.

Les victimes d'atteintes sexuelles sont le plus souvent des enfants[1].

Certaines pratiques à connotation sexuelle admises entre adultes sont incriminées quand elles visent des moins de 18 ans. Elles peuvent être le fait de majeurs mais fréquemment de mineurs

Des précisions s'imposent :

– **la contrainte physique ou morale** pourra notamment résulter de la différence d'âge entre la victime et son agresseur, du caractère tyrannique de l'auteur ou encore de l'état psychologique perturbé de la victime, de son état dépressif, de sa faiblesse mentale de l'usage d'alcool ou du recours à une drogue comme la drogue du violeur, voire de l'influence exercée par un psychothérapeute ;

1. P.-V. Tournier, *Infractions sexuelles : victimisation, traitement pénal des mis en cause, évaluation de la récidive*, Bruylant, 2010.

– **la menace** consiste à faire craindre à la victime un mal ; il s'agit d'une modalité de la contrainte ;

– **la surprise** suppose des stratagèmes pour obtenir une attitude qui normalement n'aurait pas été concédée ; par exemple, se faire passer pour un autre.

Sur ce fond général, des infractions spécifiques tiennent à la minorité de la victime sachant que, depuis 1994, on distingue en général **cinq types d'infractions sexuelles**.

## 1° La corruption de mineur

Ex-incitation de mineur à la débauche. Le Code pénal de 1984 a renforcé la protection des enfants.

### *a) La corruption proprement dite (C. pén., art. 227-22)*

Sans la définir la loi se contente de donner des exemples comme « d'organiser des réunions comportant des exhibitions ou des relations sexuelles auxquelles un mineur assiste ou participe ».

Sont retenus des faits relatifs aux mœurs et d'abord de nature sexuelle. Par exemple louer habituellement une chambre d'hôtel à des enfants qui se livrent à la débauche ou encore inciter des enfants de 12 ans à se livrer entre eux à des gestes et attitudes d'un rapprochement obscène. Mais pas le fait de faire dévêtir une jeune femme pour la photographier s'il ne s'agit pas de photos obscènes ou pornographiques[1].

Il suffit que la victime soit mineure. Le mis en cause ne peut pas prétendre avoir été trompé par les apparences. Tout au plus pourra-t-il bénéficier de circonstances atténuantes. Il en irait autrement s'il avait été trompé par la victime.

Un mineur ne peut pas être poursuivi pour avoir voulu corrompre un mineur.

La peine peut être portée à sept ans et 100 000 euros si la victime a moins de 15 ans ou si les faits sont commis dans ou aux abords d'un établissement pour enfants, dix ans et 100 000 euros si les faits sont commis en bande organisée. Les peines complémentaires sont encourues ainsi que le stage de responsabilité parentale et le suivi socio-judiciaire (C. pén., art. 227-31).

Depuis la loi du 4 avril 2006 celui qui incite quelqu'un à commettre le délit de corruption de mineur est punissable (C. pén.,

1. Crim. 11 déc. 1952, *Bull. crim.* n° 300.

art. 227-28-3) de trois ans et 45 000 euros si l'infraction est un délit et sept ans et 100 000 euros s'il s'agit d'un crime.

Le délai de prescription est exceptionnellement porté à dix ans à partir de la majorité de la victime.

Pour faciliter la lutte contre cette délinquance la loi du 5 mars 2007 autorise l'usage de pseudos par les policiers qui enquêtent sur internet.

#### *b) Les propositions sexuelles envers un mineur de 15 ans par voie électronique (C. pén., art. 227-22-1)*

La loi du 5 mars 2007 a introduit une variante en cas de recours à la télématique pour protéger les enfants de moins de 15 ans contre les « chats » dangereux. On réprime comme infraction autonome un acte préparatoire ou une tentative d'atteinte sexuelle. La peine encourue est de deux ans et 30 000 euros, portée à cinq ans et 75 000 euros si les propositions ont été suivies d'une rencontre.

### 2° Les atteintes sexuelles sans violence

Avec le Code de 1810, le fait pour un adulte d'avoir des relations sexuelles avec un mineur n'était pas punissable dès lors que celui-ci consentait ou s'il n'y avait pas de violence. Observant que les relations ne sont pas égalitaires entre un adulte et un mineur une loi du 28 avril 1832 a introduit l'attentat à la pudeur sans violence sur enfant de moins de 11 ans, ce seuil étant ensuite porté à 15 ans, âge censé marquer l'accès à une relative maturité sexuelle et la capacité de se défendre devant des avances. Il faudra donc des circonstances particulières (par ex. la violence) pour que le mineur de plus de 15 ans soit protégé. Beaucoup souhaitaient spécialement prohiber les relations homosexuelles entre adultes et adolescents de plus de 15 ans au prétexte que ces derniers sont particulièrement vulnérables. Le législateur de 1982 ne l'a pas estimé utile.

### *a) S'agissant d'un mineur de moins de 15 ans (C. pén., art. 227-25)*

Pour être punissable l'auteur des faits doit être majeur. Ainsi, une relation sexuelle entre mineur de moins de 15 ans n'est pas punissable dès lors qu'il n'y a pas de violence. Par exemple, autour d'un jeu ou d'une relation amoureuse. Le très jeune âge de la victime permettra de douter qu'elle ait pu donner un consentement valable. Bien évidemment, il faudra se référer aux circonstances de fait. Un enfant peut violenter un autre enfant.

Certains[1] prônent l'adoption d'un seuil d'âge préfixe (10 ans) sous lequel, faute de consentement, on serait nécessairement dans l'agression sexuelle ou dans le viol. Il pourrait s'agir d'une présomption simple permettant d'apporter la preuve contraire.

La victime doit avoir objectivement moins de 15 ans. Il s'agit d'un des éléments de l'infraction et pas d'une circonstance aggravante[2]. Le prévenu ne peut valablement exciper d'une erreur sur l'âge que s'il y a eu une tromperie avérée[3].

Faute d'un contact physique entre l'auteur et sa victime, on sera dans l'exhibition ou la corruption de mineur.

La tentative n'est pas incriminée (comme le fait pour un père de tenter de toucher le sexe de la fille celle-ci étant vêtue d'un pantalon et repoussant sa main avant qu'elle ne la touche)[4], mais la complicité l'est comme de fournir l'adresse de la victime à l'auteur.

---

1. Ph Bonfils et A. Gouttenoire, *Droit des mineurs*, Dalloz, coll. « Précis », 2008, p. 954.
2. Crim. 19 déc. 1967, *Gaz. Pal.* 1968. 1. 275.
3. Crim. 7 févr. 1957, *RSC* 1957. 638, obs. Hugueney.
4. Douai, 11 mars 2003, *JCP* 2004. IV. 10070, note Maréchal.

L'invitation faite à une personne de commettre ce délit est punissable (C. pén., art. 227-28-3).

Pour lutter contre le tourisme sexuel, les faits peuvent être punissables en France quoique commis à l'étranger si l'auteur ou la victime sont français (cf. *infra*)

La prescription est de dix ans à partir de la majorité de l'enfant (C. pén., art. 8) voire de vingt ans (C. pén., art. 227-26).

Les peines sont normalement de cinq ans et 75000 euros d'amende, mais dans les cas prévus à l'article 227-6 elles peuvent être aggravées.

Les peines complémentaires de l'article 227-29 sont encourues, y compris le stage de responsabilité parentale. Le suivi socio-judiciaire est possible. Enfin, le retrait de l'autorité parentale doit être systématiquement débattu quand les actes sont le fait d'une personne titulaire de l'autorité parentale (C. pén., art. 227-28-2). Il peut viser les frères et sœurs qui n'auraient pas été victimes directes de l'atteinte sexuelle.

### *b) S'agissant d'un mineur de 15 à 18 ans (C. pén., art. 227-27)*

Des conditions supplémentaires doivent être réunies car on part de l'idée qu'après 15 ans, sauf violence, surprise, menace ou contrainte, l'intéressé est censé pouvoir consentir et avoir consenti aux actes supportés.

Ainsi la loi admet depuis 1982 les relations homosexuelles non violentes entre un mineur et un majeur.

Deux hypothèses permettent encore de présumer que le consentement n'était pas libre :

– si l'auteur est un ascendant,

– si l'auteur avait autorité.

La loi n'exige pas que l'auteur soit un majeur. Le rapport d'autorité sera rare entre mineurs (un oncle sur son neveu ou la personne à qui un enfant est confié).

Il s'agira d'actes de nature sexuelle emportant contact avec la victime.

La prescription est à dix ans à compter de la majorité.

Les peines sont de deux ans d'emprisonnement et de 30000 euros. Les peines complémentaires sont applicables, y compris le stage de responsabilité parentale. La peine de suivi socio-judicaire est applicable comme le retrait de l'autorité parentale.

### 3° L'inceste

Ce mot tabou qualifie les relations sexuelles entre membres d'une même famille.

Entre personnes adultes l'inceste n'est pas condamnable pénalement, On interdit seulement le mariage ou le PACS et l'établissement d'une filiation entre ascendants et descendant, alliés, frères et sœurs, oncles et tantes et neveux ou nièces, y compris après adoption.

La loi du 8 février 2010 fait de l'inceste une infraction spécifique quand, jusqu'ici, il était une circonstance aggravante au viol et aux autres agressions sexuelles ou apparaissait implicitement à travers des interdictions au mariage. L'innovation est symbolique : on passe de l'implicite à l'explicite. L'idée est de faciliter aux victimes leur reconstruction en appelant enfin les choses par leur nom.

La loi qualifie d'inceste les viols et les agressions sexuelles commis au sein de la famille sur un mineur par son ascendant, son frère ou sa sœur ou par toute autre personne, y compris s'il s'agit d'un concubin, d'un membre de la famille, ayant sur la victime une autorité de droit ou de fait comme le prévoyait déjà la jurisprudence.

« Toute autre personne » vise le compagnon de la mère ; également « les membres de la famille comme les cousins et les cousines, ou les concubins des tantes et des cousines »[1].

La contrainte peut être physique ou morale en soulignant que « la contrainte morale peut résulter de la différence d'âge existant entre une victime mineure et l'auteur des faits et de l'autorité de droit ou de fait que celui-ci exerce sur cette victime ».

Le juge d'instruction, à défaut du parquet, doit désigner un administrateur *ad hoc*.

La juridiction de jugement devra se prononcer sur le retrait partiel ou total, y compris en ce qui concerne les frères et les sœurs de la victime. Cette démarche n'était jusqu'ici prévue que pour les agressions sexuelles.

### 4° Le recours à la prostitution de mineurs

La prostitution n'est pas interdite par principe et le fait de se prostituer n'est pas

1. Circ. Justice JUSD1003942CX du 9 févr. 2010.

punissable. Tout au plus la loi condamne-t-elle le racolage, c'est-à-dire la recherche de clients.

Cependant, la loi sur l'autorité parentale du 4 mars 2002 pose l'interdit de la prostitution pour les moins de 18 ans. Non pas pour les punir, sauf à pratiquer le racolage, mais pour affirmer l'interdit de prostituer des enfants. La loi les tient pour des victimes et pour des enfants en danger. Ils relèvent du tribunal pour enfants (Circ. Justice du 24 avr. 2002).

Le client majeur ou mineur du et de la prostituée de moins de 18 ans est désormais punissable de trois ans et 45 000 euros d'amende (C. pén., art. 225-12-1).

La preuve de la connaissance de l'état de minorité résultera des circonstances de fait et de l'appréciation portée par les juges.

Si l'infraction est commise avec l'utilisation des moyens électroniques de communication, la loi du 5 mars 2007 autorise les enquêteurs à user de certains moyens astucieux mais loyaux (C. pén., art. 706-35-1) : ils ne doivent pas constituer une incitation à commettre l'infraction.

Pour lutter contre le tourisme sexuel les faits commis à l'étranger par un français ou un étranger résidant habituellement en France sont punissables sans que la plainte du pays concerné ou la plainte de la victime soit nécessaire.

La prescription est de dix ans à compter de la majorité de la victime.

La peine encourue peut être aggravée et portée à sept ans et 75000 euros dans les cas prévus à l'article 225-12-2 du Code pénal. Des peines complémentaires sont également encourues (C. pén., art. 225-20).

### 5° L'exploitation de l'image pornographique d'un mineur

Les enfants peuvent être soumis à la vision d'image pornographique, mais aussi être l'objet de photographies ou de films. Le développement d'internet démultiplie les possibilités de passages à l'acte et leur portée. Il a fallu adapter la loi, mais aussi les dispositifs policiers de lutte contre la pédopornographie (C. pén., art. 227-23 ; cf. *infra*).

On entend lutter contre les réseaux pédophiles qui diffusent systématiquement des photos et films pornographiques d'enfants.

Toute image ou représentation d'enfants, y compris par le dessin, peut être incriminée. La loi va donc protéger l'apparence de la minorité.

Tous les supports sont visés.

### *a) La production et la diffusion*

La peine est de cinq ans et 75000 euros d'amende pour le fait de fixer, d'enregistrer ou de transmettre toute image ou représentation pédopornographique, en vue d'une diffusion, par quelque moyen que ce soit.

On vise les mises en scène ou images directement pédophiles, les photographies ou vidéos d'actes sexuels entre enfant, entre enfants et adultes, voire entre enfants et animaux, avec ou sans but lucratif; ainsi, la diffusion d'une bande-vidéo sur internet, mettant en scène une jeune fille de 17 ans ayant une relation sexuelle avec un adulte, filmée par celui-ci à l'insu de sa partenaire.

Si le moyen de diffusion est un réseau de communication électronique – internet – les peines sont portées à sept ans et 100000 euros d'amende.

La production de photos ou de vidéos non destinées à la diffusion est punissable mais comme « corruption de mineurs ». La Cour de cassation a estimé que le délit tenait simplement si les images se trouvaient sur un ordinateur relié à internet. Le débat a surtout porté sur les images virtuelles. Elles sont visées puisqu'il s'agit d'images visant à alimenter les fantasmes à caractère pédophile.

### *b) La consultation*

Le simple fait de consulter habituellement les sites pornographiques mettant en cause des mineurs est punissable de deux ans de prison et de 30 000 euros d'amende même si l'on n'en garde pas une trace dans son ordinateur ou sur d'autres supports. En s'attaquant au consommateur on entend tarir la source, et donc les délits. Ainsi, il a été jugé qu'en consultant des sites payants mettant en scène des mineurs, le prévenu a profité de la commission du délit de diffusion d'images pornographiques à caractère pédophile prévu à l'article 227-23 du Code pénal même s'il n'a pas téléchargé ces images[1].

Les peines sont portées à cinq ans et 500 000 euros si les faits sont commis en bande organisée.

La tentative est punissable, sauf pour la détention d'images et la consultation habi-

1. Paris, 24 mars 2005, *AJ pénal* 2006. 39, obs. Segura.

tuelle de sites présentant de telles images. La complicité est également punissable.

Le directeur de publication d'un site informatique est punissable comme le responsable d'un journal.

Il ne suffit pas d'alléguer qu'on a pensé qu'il s'agissait d'une personne majeure. Si la personne représentée donnait l'apparence d'avoir plus de 18 ans, une présomption de minorité est posée; il faut donc au prévenu rapporter la preuve qu'elle avait 18 ans. Cette preuve est souvent difficile à rapporter.

Initialement on s'attachait au fait que l'internaute avait fixé l'image sur son ordinateur ou l'ait reproduite. Avec la loi du 5 mars 2007, il suffit d'une simple consultation dès lors qu'elle est habituelle (C. pén., art. 227-25, al. 5). Le débat judiciaire portera donc sur ce qui est « habituel ».

L'instigation à commettre ce délit est punissable depuis 2006 (C. pén., art. 227-28-3) :

– de trois ans d'emprisonnement et 45 000 euros d'amende si cette infraction constitue un délit,

– de sept ans d'emprisonnement et 100 000 euros d'amende si elle constitue un crime,

– de sept ans et 100 000 euros si on utilise un réseau de communication électronique,

– de dix ans si les faits ont été commis en bande organisée.

Le simple fait de détenir une image pornographique et de consulter habituellement des sites pédophiles est puni de deux ans et 30 000 euros.

Les faits commis à l'étranger par un français sont punissables en France sans condition de réciprocité et sans qu'il soit nécessaire d'une plainte de l'autorité officielle du pays dans lequel l'infraction a été commise ou d'une plainte de la victime.

La prescription est portée à dix ans.

## § 2. La protection du cadre de vie de l'enfant

La personne de l'enfant n'est pas seulement protégée par le droit pénal ; on veille à lui garantir un cadre de vie, notamment son environnement familial tenu pour essentiel.

### A. L'environnement familial

En théorie, tout enfant a le droit à une famille : il faut déjà à veiller à se qu'il s'inscrive dans une famille par une filiation, ce qui ne sera pas toujours acquis; il faut encore l'assurer de parents qui le protègent en exerçant l'autorité parentale; il faut enfin éviter qu'il soit délaissé.

## 1° Les atteintes à la filiation

Tout enfant a le droit à une identité (CIDE, art. 7).

### *a) Le défaut de déclaration de naissance*

Dans l'intérêt de chaque individu, pour le doter d'une identité et pour éviter des trafics de nouveau-nés, mais aussi avec un souci de police civile, toute naissance doit est obligatoirement être déclarée.

L'article 56 du Code civil prévoit cette déclaration.

Précision essentielle : il s'agit de déclarer une naissance, mais pas nécessairement de reconnaître un enfant. L'enfant dont la naissance est déclarée pourra ne pas avoir d'entrée de jeu une filiation, donc un nom et un prénom.

En 2007, on est passé à un délit (C. pén., art. 433-18-1) puni de six mois d'emprisonnement et de 3750 euros d'amende.

La mère est dispensée de déclarer la naissance. *A priori*, c'est au père, s'il assiste à l'accouchement comme cela est de plus en plus souvent le cas, de déclarer la naissance. À défaut, l'obligation incombe aux personnels médicaux ou à toute personne ayant assisté à l'accouchement.

La déclaration doit intervenir dans les trois jours et être effectuée auprès de l'officier d'état civil du lieu de naissance.

Il faut avoir eu l'intention de ne pas déclarer l'enfant. La personne visée ne sera pas condamnable si elle pouvait légitimement penser qu'une autre personne ferait cette déclaration.

La sanction est passée à six mois d'emprisonnement et 3 650 euros d'amende.

Le décès d'un enfant mort-né ne dispense pas d'une déclaration si la grossesse a duré au moins cent quatre-vingt jours. Cette déclaration donne désormais lieu à la rédaction d'un acte d'enfant sans vie (C. civ., art. 79-1, al. 1er). En revanche, en cas d'absence de certificat médical attestant que l'enfant est né vivant et viable, l'officier d'état civil établit un acte de naissance d'enfant sans vie, inscrit sur les registres de décès (art. 79-1, al. 2).

L'établissement d'acte de naissance sans vie n'est soumis à aucun délai à la différence de la déclaration de naissance. Tout logiquement eu égard aux circonstances, les parents ont le temps de la réflexion. Il s'agit de réduire les deuils pathologiques. Un livret de famille sera délivré.

### *b) La déclaration mensongère de naissance (C. pén., art. 227-13)*

On sanctionne (trois ans, 45000 euros) la simulation ou la dissimulation de grossesse et la substitution d'enfant.

La femme qui cache sa grossesse et son accouchement est punissable ; en revanche une mère peut déclarer la naissance de façon anonyme. La dissimulation suppose la mauvaise foi.

La substitution d'enfants consiste à échanger volontairement deux enfants. Elle doit être volontaire. De même quand un enfant amené de l'étranger est déclaré comme étant né en France de la femme qui l'accueille.

Ces faits doivent porter atteinte à l'état civil de l'enfant ou a pu y porter atteinte car la tentative est punissable.

Dans tous ces cas on vise un enfant vivant.

Il faut attendre – exception préjudicielle – que le TGI se soit prononcé sur la filiation avant de statuer sur l'action pénale.

La prescription est certes de trois ans, mais s'agissant d'une infraction clandestine, elle court du jour où les faits sont révélés publiquement[1]. La sanction risque d'être sévère pour l'enfant qui verra sur le tard révélée la supercherie. C'est le prix à payer pour que cette règle de police civile donc d'intérêt général ne soit pas contournée.

La peine est de trois ans de prison et 45 000 euros d'amende.

Les peines complémentaires et le stage de responsabilité parentale sont encourus. De même la peine d'affichage ou de diffusion de la décision prévue (C. pén., art. 227-30).

### c) La provocation à l'abandon, l'entremise aux fins d'adoption et l'entremise pour la gestation pour autrui (C. pén., art. 227-12)

Trois infractions visent à garantir une certaine moralité dans l'établissement de la filiation.

1. Crim. 23 juin 2004, *M. Rémi X. et autres*, *RJPF* n° 11, 2004. 24.

**La provocation à l'abandon**

La loi vise un enfant né ou à naître. Peu importe qu'il y ait un objectif lucratif ou non. Ainsi sont punissables les parents d'une jeune fille enceinte qui l'incitent à abandonner son enfant. Peu importe que les manœuvres réussissent ou pas dès lors que la provocation est établie. En revanche, les parents peuvent l'informer sur les voies qui lui sont offertes si elle décide d'élever son enfant ou d'y renoncer. Restera, au cas par cas, à trouver la nuance entre incitation et conseil.

La peine encourue est de six mois d'emprisonnement et de 75000 euros.

**L'entremise aux fins d'adoption**

Des organismes – les œuvres d'adoption – sont agréés par les pouvoirs publics pour rechercher des personnes susceptibles d'adopter des enfants abandonnés.

Il faut avoir le souci d'un profit financier. Les œuvres ne demandent pas d'argent, sauf des frais de procédure ou inhérents au suivi du dossier.

Les enfants font l'objet lucratif marché international avec en arrière-fond l'exploitation de la misère des mères biologiques. Les œuvres d'adoption officielles permettent d'avoir un contrôle relatif, mais réel des parcours d'enfants.

Le pendant de ce texte se trouve dans le Code de la famille et de l'aide sociale, avec l'article L. 225-11 que condamnent des mêmes peines les organismes non agréés. Le Code pénal vise les parents désireux d'adopter et les parents désireux d'abandonner leur enfant.

Cette infraction est punie d'un an d'emprisonnement et de 15000 euros d'amende.

**L'entremise aux fins de gestation pour le compte d'autrui**

Cette disposition est issue de la loi bioéthique de 29 juillet 1994. Il a fallu mettre fin en France à une pratique qui se développait dans la complète irresponsabilité.

L'interdiction est portée par l'article 16-7 du Code civil.

L'article 227-12, alinéa 3, sanctionne les associations qui recrutent les « mères porteuses » à des fins de portage rémunéré ou pas.

La peine est d'un an d'emprisonnement et de 15000 euros d'amende, peine doublée si les faits sont commis habituellement ou des fins lucratives. Les peines complémentaires de l'article 227-29 sont encourues. De même, le stage de responsabilité parentale ; l'affichage ou la diffusion de la condamnation.

Pour la provocation à l'abandon la tentative n'est pas incriminée ; en revanche, pour les deux autres délits, la tentative est punissable.

La complicité peut être retenue.

Dans la mesure où il y a une dimension internationale dans certaines circonstances des poursuites peuvent être engagées en France pour des faits commis à l'étranger si les conditions de l'article 113-8 du Code pénal sont remplies (plainte officielle des autorités du pays où les faits ont été commis ou plainte de la victime).

### 2° Les atteintes à l'autorité parentale

S'il faut permettre aux parents d'exercer leurs responsabilités sur leurs enfants quand certains voudraient les en empêcher, il s'agit également de garantir aux enfants qu'ils ne seront pas privés de leurs parents. On vise les conflits parentaux qui dégénèrent, les enlèvements ou autres déplacements d'enfants.

### *a) La non-représentation d'enfant (C. pén., art. 227-5)*

À l'occasion de la séparation conjugale, mariés ou pas, certains parents ont tendance à s'approprier l'enfant. Cette attitude prive l'enfant de l'autre parent et empêche celui-ci, par-delà ses droits de visite ou d'hébergement, d'exercer la plénitude de ses responsabilités.

L'infraction suppose l'existence d'une obligation de représenter l'enfant mineur à une personne qui est en droit de le réclamer. L'obligation peut résulter tout simplement de la loi sans décision de justice. Ainsi, par principe, la loi veut que le parent qui n'héberge pas habituellement l'enfant dispose d'un droit de visite et d'hébergement et de l'obligation de suivre son éducation.

Si l'on se réfère à une décision de justice, celle-ci doit être exécutoire. Ainsi une décision étrangère doit avoir reçu l'exequatur alors que la décision d'un JAF français est exécutoire de plein droit. Il suffit que la décision soit connue des intéressés.

Le simple refus de représentation constitue l'élément intentionnel : éloigner l'enfant, ne pas le ramener chez le parent chez lequel est fixée la résidence ; ne pas remettre l'enfant à la personne mandatée en vertu de la décision de la justice pour venir chercher l'enfant.

Pour être punissable, le refus de présentation doit être injustifié. Au cas par cas et avec d'infinies précautions, les juges peuvent admettre quelques excuses comme :

– le danger encouru par l'enfant chez l'autre parent comme le risque d'enlèvement à l'étranger ; ce sera aussi le risque de troubles psychologiques pour l'enfant, l'autre parent étant incarcéré ou des risques d'agressions sexuelles ; les juges exigeront des preuves ;

– la résistance de l'enfant est rarement acceptée ; le parent à qui incombe de laisser s'exercer le droit de visite ou d'hébergement se doit de convaincre son enfant en créant un climat favorable à sa mise en œuvre ; exceptionnellement, cette résistance est retenue comme un justificatif ;

– l'état de santé de l'enfant est souvent avancé et régulièrement accepté comme justificatif.

Les peines encourues sont d'un an de prison et 15 000 euros d'amende, plus les peines complémentaires et le stage de responsabilité parentale.

Si l'enfant est retenu cinq jours ou retenu à l'étranger, les peines encourues montent à trois ans et 45 000 euros.

La tentative n'est pas réprimée, mais la complicité l'est.

Il n'est pas nécessaire que le parent sanctionné porte plainte. Il peut y avoir autant de poursuites que de faits de refus de présentation.

La prescription court du jour où l'enfant est représenté, mais pas avant.

Si la non-représentation présente une dimension internationale, le pays et le lieu où devait s'effectuer la représentation sont compétents.

Si l'auteur de la non-représentation d'enfant traverse la France les juridictions françaises sont compétentes.

### b) *Le défaut de notification de changement de domicile (C. pén., art. 227-6)*

Il s'agit de prévenir la non-représentation d'enfant en luttant contre ceux des parents qui changent de domicile sans en informer l'autre, créant ainsi un rapport de forces en leur faveur. Il s'agit de la volonté délibérée de faire échec au droit de visite de ce parent et à ce qu'il exerce pleinement ses responsabilités. Ce faisant il porte atteinte au droit de ce parent, mais aussi au droit de l'enfant d'entretenir des relations avec cet autre parent.

Bien évidemment, sur le plan civil, à titre de sanction, le juge aux affaires familiales peut inverser la résidence habituelle de l'enfant.

### *c) La soustraction de mineur*

Il s'agit d'empêcher une personne d'enlever un enfant à une personne qui en a la responsabilité. Il n'est pas nécessaire qu'il y ait violence ou fraude. Dans ces hypothèses où il y aurait recours à la violence ou à la fraude, on parlera d'enlèvement ou de séquestration.

Cette infraction suppose de déplacer physiquement l'enfant avec pour résultat de le soustraire de l'autorité de celui qui en avait la responsabilité. Peu importe qu'il soit venu de lui-même lors qu'il est retenu.

Il suffit de savoir que la victime est mineure et d'avoir l'intention de la soustraire au titulaire de l'autorité parentale. En cas d'erreur sur l'âge – on veut enlever une jeune fille qu'on tient pour majeure pour l'épouser et elle s'avère mineure – le délit ne tient pas.

La tentative est punissable dans les deux cas ainsi que la complicité.

La prescription est de trois ans, mais ne commence que lorsque cesse la soustraction.

L'infraction étant continue, elle est consommée dans tous les endroits où le mineur est emmené et retenu.

La soustraction par ascendant est punie d'une peine d'un an et de 15000 euros. Deux circonstances aggravantes font passer la peine à trois ans et 45000 euros :

– retenir le mineur plus de cinq jours sans que le titulaire de l'autorité parentale sache où il est ;

– le retenir indûment à l'étranger.

La soustraction par un tiers vaut cinq ans et 75000 euros car on peut penser que les intentions sont moins pures.

Les peines complémentaires de l'article 227-29 du Code pénal sont encourues.

### 3° L'abandon de famille (C. pén., art. 227-3)

L'abandon de famille ne protège pas directement l'enfant, mais la famille. Le Code pénal a le souci que tout parent assume ses responsabilités, notamment financières, à l'égard de sa descendance. Il s'agit spécialement de veiller à ce que les décisions judiciaires soient respectées.

L'infraction suppose désormais qu'il y ait une décision préalable de justice sur une contribution financière ou une convention entre les parties judiciairement homologuées. Elle doit constater une obligation en faveur de l'enfant, d'un ascendant ou d'un conjoint.

Cette décision doit être exécutoire, soit parce que définitive, soit parce qu'assortie de l'exécution provisoire.

*A priori*, on estime que l'enfant bénéficiaire doit être mineur.

Il faut qu'il soit établi que le débiteur d'aliments avait connaissance de cette décision. Cette preuve résultera soit du fait d'une signification, soit dès lors qu'il exécutait volontairement.

L'infraction consiste alors à rester plus de deux mois sans s'acquitter intégralement des aliments. Le débiteur ne peut pas évoquer un paiement par compensation ou soutenir qu'il a versé directement l'argent à l'enfant. Devant certaines pratiques consistant à payer un mois sur deux, on s'interroge désormais sur le fait de savoir si la loi exige deux mois de non-paiement consécutifs.

L'infraction étant intentionnelle : il faudra démontrer l'intention de ne pas payer quand, dans le passé une présomption était posée du fait du non-paiement. La preuve pourra résulter de l'inexécution persistante accompagnée de la dissimulation de revenus.

Afin de lui faciliter les choses, par dérogation au droit commun, le tribunal compétent peut être celui du lieu du domicile du créancier (C. civ., art. 382, al. 2).

S'il y a une dimension internationale, les tribunaux semblent penser que la France est compétente si le débiteur y réside.

Le créancier peut enclencher des poursuites.

La prescription est de trois ans et ne court que si le paiement est repris.

Sont encourus deux ans d'emprisonnement et 15000 euros et les peines complémentaires de 227-29 du Code pénal, y compris le stage de responsabilité parentale. On estime aussi que le retrait d'autorité parentale peut être encouru.

## B. L'environnement social

L'enfant est également protégé dans la cité et au quotidien par le droit pénal afin de lui éviter les pièges de la vie ou certaines sollicitations offertes aux adultes.

## 1° Des restrictions à l'accès à certains lieux

Le droit a déjà le souci de veiller à ce que les enfants ne fréquentent pas certains lieux ou, qu'à tout le moins, des précautions soient prises sur ce qui peut leur être proposé.

Le Code de procédure pénale a lui le souci que les moins de 18 ans ne fréquentent pas trop les commissariats, ou du moins y séjournent le moins de temps possible (voir les règles de la retenue et de la garde à vue applicables aux mineurs auteurs d'infractions).

**La fréquentation des cinémas**

Pas question bien évidemment d'interdire aux enfants d'aller au cinéma, voire de s'y rendre sans adultes, mais une classification est faite des films avec des restrictions quant aux conditions de visionnage par des enfants.

Cette classification est publiée (Décr. du 15 juin 1992). Les responsables de l'établissement doivent surveiller les entrées. Ceux qui faciliteraient l'accès à des mineurs sont punissables.

**La fréquentation des débits de boissons**

Les débits de boissons, donc les cafés, lieux de consommation, mais aussi de convivialité, ne sont pas systématiquement interdits aux plus jeunes. Reste que le législateur se méfie de ce que les jeunes gens pourraient y trouver et, pourquoi pas, y consommer. Aussi, *a priori*, les moins de 16 ans ne peuvent pas se trouver sans adultes responsables d'eux dans un débit de boissons. S'ils ont plus de 13 ans, ils peuvent néanmoins se rendre seuls dans un établissement ayant une licence 1, c'est-à-dire dans des bars sans alcool (CSP, art. L. 3342-3).

Ces interdictions ne sont pas sanctionnées.

Dans le même état d'esprit, mais cette fois-ci avec une sanction à la clé, il est interdit à un débit de boissons, sauf ceux ayant la licence 1, de s'installer dans le périmètre d'un établissement scolaire (CSP, art. L. 3335-1).

**Les commerces offrant des objets à caractère pornographique**

Pour protéger les enfants contre des sollicitations à caractère sexuel, l'installation de commerces d'objets pornographiques est interdite à moins de 200 mètres des établissements fréquentés par les enfants (L. du 30 juill. 1987, art. 99).

L'infraction au présent article est punie de deux ans d'emprisonnement et de 30 000 euros d'amende.

Sont passibles des mêmes peines les personnes qui favorisent ou tolèrent l'accès d'un mineur à un établissement où s'exerce l'une des activités visées au premier alinéa.

### 2° Restrictions à l'acquisition de certains biens ou produits

La loi entend ne pas faciliter l'accès des enfants à certains biens – les armes (C. défense, art. L. 2336-1, I, 5°) – et produits – alcool (CSP, art. L. 3342-1 et L. 3342-2), etc. – estimés potentiellement dangereux.

Ainsi, la vente de tabac aux mineurs est totalement interdite (CSP, art. L. 3512-1-1). Plus question pour des parents en manque de nicotine d'envoyer leur enfant refaire le plein ! Tolérée à compter de 16 ans en 2006, elle est carrément interdite depuis 2009 à tous les moins de 18 ans.

Les mineurs de 16 ans sont exclus des casinos et du PMU ; ils le sont également des jeux de paris et de pronostic sportif ainsi que des jeux de loterie. Un décret du 7 mai 2007 vise tous les mineurs s'agissant des jeux de pronostic sportif et des loteries.

On les protège aussi à l'égard des publications (loi du 16 juillet 1949 sur les publications destinées à la jeunesse). La peine encourue est d'un an et 3750 euros d'amende, doublée en cas de récidive. Le ministère de l'Intérieur peut interdire ces publications à la vente aux mineurs.

La loi du 17 juin 1998 modifiée par celle du 5 mars 2007 prévoit un dispositif spécifique de protection des mineurs contre les documents électroniques susceptibles d'être dangereux pour eux.

### 3° Restrictions à l'accès au travail et protection au travail

La France, pas plus que d'autres pays, ne condamne pas dans l'absolu le travail des enfants. Telle est l'orientation prise par la Convention internationale sur les droits de l'enfant (CIDE, art. 32). Une interdiction totale du travail des enfants serait sans portée autre que symbolique. Le souci est de veiller à la scolarisation des enfants et, s'ils doivent travailler, de garantir leur sécurité. En revanche, on a le souci de restreindre le travail des enfants en privilégiant la scolarisation et de protéger les enfants qui peuvent être amenés exceptionnellement à travailler. Ce sera le cas notamment pour les enfants du spectacle. Des accords sont recherchés avec les entreprises pour lutter contre le travail des enfants et les protéger.

En France, sans être un problème majeur, le travail des enfants est une réalité dans le petit commerce (par ex. sur les marchés) et dans l'agriculture.

### *a) L'accès au travail*

L'obligation scolaire pèse sur les moins de 16 ans. Ce n'est donc que très exceptionnellement qu'on peut travailler à cet âge. Ainsi les « jobs d'été » sont possibles à 14 ans.

La formation en alternance et l'enseignement professionnels sont possibles à 15 ans (C. trav., art. L. 211-1 et s. et art. L. 4153-1 et s.).

Le non-respect de ces dispositions est sanctionné d'une amende de la 5e classe.

### *b) La protection au travail*

Outre les droits généraux des protections particulières sont reconnues aux moins de 18 ans qui travaillent : le travail de nuit leur est interdit; ils ne peuvent pas dépasser huit heures par jour et trente-cinq heures par semaine ; l'employeur doit veiller à leur laisser le temps et la liberté nécessaires au suivi des cours professionnels, le temps consacré à la formation étant considéré comme un temps de travail effectif.

Le non-respect de ces règles est puni des contraventions de 4e classe.

### c) *La protection spéciale des enfants du spectacle*

Par dérogation, les enfants de moins de 16 ans peuvent « travailler » dans le spectacle. On ne pouvait pas prendre le risque de tuer dans l'œuf des Mozart. Tout simplement l'industrie du cinéma, le théâtre, voire le cirque, ont besoin de la présence d'enfants. Reste à lutter contre les pratiques de parents convaincus d'avoir engendré la vedette du siècle et… la poule aux œufs d'or, quand certains ne se projettent pas dans leur enfant et lui font vivre un calvaire d'enfance. Une réglementation spécifique renforcée a donc été adoptée pour protéger les enfants du spectacle, notamment, en 1990, les enfants mannequins (C. trav., art. L. 7124-1). Leur rémunération doit être versée à la Caisse des dépôts et consignations pour lui être restituée à sa majorité, des prélèvements exceptionnels pouvant être autorisés en cas d'urgence, sauf à laisser une part à disposition des représentants légaux pour bénéficier immédiatement à l'enfant. La Commission des enfants du spectacle à laquelle participe le juge des enfants fixe cette part. Généralement, 20 % sont libérés, le reste est consigné.

## Deuxième axe
## *La minorité de la victime circonstance aggravante*

Le législateur renforce la protection des personnes d'une particulière vulnérabilité contre certaines agressions physiques, sexuelles ou psychiques. Les infracteurs – ou prédateurs – ne s'attaqueraient pas à des adultes dans la force de l'âge. Ils doivent être sanctionnés de ce fait pour dissuader de nouveaux passages à l'acte. L'affirmation de l'interdit et l'affichage de sanctions sévères peuvent avoir un effet dissuasif sur certaines tentés de passer à l'acte. Rien n'est moins sûr et en tout cas pas quantifiable. Mais que faire d'autre ? La minorité est donc une circonstance aggravante pour nombre d'infractions.

Si les 15-18 ans peuvent être tenus comme personnes particulièrement vulnérables (cf. *infra*) de longue date les enfants de moins de 15 ans sont légalement présumés vulnérables pour les tortures et actes de barbarie (C. pén., art. 222-1 et 222-3), les violences ayant entraîné la mort sans intention de la donner (C. pén., art. 222-8), les violences ayant entraîné une infirmité permanente (C. pén., art. 222-10), les violences habituelles (C. pén., art. 222-14), les agressions sexuelles (C. pén., art. 222-14 et art. 222-29).

## Troisième axe
## *Des circonstances aggravantes protectrices des enfants sans être spécifiques*

### § 1. La vulnérabilité de la victime

Le législateur se garde bien de définir la vulnérabilité. Comme souvent avec ces concepts généraux, il reviendra donc aux juges d'apprécier au regard des faits dont ils sont saisis. Pour autant, dans l'article 223-15-2 du Code pénal relatif à l'abus de faiblesse, on trouve des indices pour typer la vulnérabilité.

Cette vulnérabilité peut donc être due à l'âge, à la maladie, à une infirmité, à une déficience physique ou psychique ou à un état de grossesse. Par principe, les femmes seraient vulnérables ! En d'autres termes, *a priori*, seul l'homme dans la force de l'âge échapperait à la vulnérabilité. On serait dans l'erreur : même celui-là peut se trouver en certaines circonstances (à l'occasion d'une hospitalisation) en situation de faiblesse. Plus sérieusement, il faudra apprécier au cas par cas et dans l'instant de la commission de l'infraction.

Cette vulnérabilité sera parfois présumée pour les mineurs s'agissant de conditions de travail et d'hébergement contraire à la dignité (C. pén., art. 225-15-1, relatif à l'application des art. 225-13 du C. pén. et 225-14 du même code).

Surtout, pour que la circonstance aggravante soit prise en compte, il importe que l'auteur ait eu conscience de cette vulnérabilité pour en jouer aux fins de commettre plus aisément l'infraction. Elle ne sera pas automatiquement déduite de la seule minorité de la victime : il faut la prouver dans l'espèce visée.

La vulnérabilité de la victime est de plus en plus souvent prise en compte comme circonstance aggravante générale par notre droit pénal.

S'agissant des personnes de moins de 18 ans, on pourrait penser que cette circonstance aggravante n'intervient pas ou peu puisque le législateur a eu tendance souvent à supprimer le seuil de 15 ans.

Pourtant, elle joue pleinement son rôle lorsque la circonstance aggravante de l'âge n'est pas visée dans un texte ou que le législateur s'attache encore spécialement aux enfants de moins de 15 ans.

### § 2. Le lien de parenté et d'autorité

Si la qualité d'ascendant ou le rapport d'autorité sont des éléments constitutifs d'une infraction (par ex. avec l'inceste), ils peuvent également être une circonstance aggravante dans d'autres cas.

On vise les ascendants légitimes, naturels ou adoptifs.

L'autorité peut être légale (par ex. les père et père du fait de la loi) ou de fait (les beaux-parents ou le mari de l'assistante familiale).

Cette circonstance aggravante pourra être retenue pour :

– les violences légères (C. pén., art. 222-12, al. 2),

– les violences graves (C. pén., 222-8, al 2, en cas de mort, et art. 222-10, al. 2, en cas de mutilation),

– les actes de tortures et de barbarie (C. pén., art. 222-3),

– le viol (C. pén., art. 222-24),

– les agressions sexuelles (C. pén., art. 222-28, 2°),

– les atteintes sexuelles sans violence (C. pén., art. 227-26 et art. 227-27),

– le proxénétisme (C. pén., art. 225-7, 5°),

– la traite des êtres humains (C. pén., art. 225-4-2),

– l'exploitation de la mendicité d'autrui (C. pén., art. 225-12-6, 5°).

## § 3. L'aide ou l'assistance d'un majeur par un mineur

La loi du 9 septembre 2002 a créé une circonstance aggravante consistant à se faire aider ou assister d'un mineur dans la commission de certains faits délictueux ou criminels. On visait notamment les trafics multiples dans lesquels les plus jeunes sont utilisés par les plus âgés. On est souvent très proche, quand on n'y est pas déjà, du grand banditisme et des réseaux mafieux. Il faut certes combattre cette délinquance, mais aussi protéger les enfants d'être embarqués dans une voie particulièrement dangereuse.

On vise les violences légères (C. pén., art. 222-12, 12°, et art. 222-13) et le vol (C. pén., art. 3114-1).

## § 4. La proximité avec un établissement scolaire

La loi du 17 juin 1998 a introduit la circonstance aggravante de proximité avec un établissement scolaire ou éducatif, ou le fait d'agir à l'occasion des entrées et sorties des élèves aux abords d'un établissement. La loi du 5 mars 2007 élargit le champ aux établissements et locaux de l'administration.

Sont concernées les violences légères (C. pén., art. 222-12, 11°, et art. 222-13), la provocation à l'usage illite de stupéfiants (C. pén., art. 227-18), la provocation au trafic de stupéfiants (C. pén., art. 227-18-1), la cession et offre illicite de stupéfiants (C. pén., art. 222-39), la provocation à l'usage habituel et illicite d'alcool (C. pén., art. 227-19, al. 2), la provocation à la commission d 'infractions (C. pén., art. 227-21), la corruption de mineur (C. pén., art. 227-22).

## Quatrième axe
## *Des peines spécifiques contre les agresseurs d'enfants*

Par-delà l'arsenal répressif classique mis à disposition de la justice (par ex. prison, amende, etc.) déjà conséquent, des mesures spécifiques visent ceux qui s'attaquent à des enfants.

### § 1. Un stage de responsabilité

Alternative aux poursuites décidées par le parquet, mais aussi sanction infligée par un tribunal, des parents peuvent avoir à effectuer un stage de responsabilité parentale (C. pén., art. 135-35-1) avec pour objectif de « rappeler au condamné les obligations juridiques, économiques, sociales et morales qu'implique l'éducation d'un enfant » (C. pén., art. R. 131-48, issu du Décr. du 26 sept. 2007).

En pratique, on n'en est qu'aux balbutiements de ce type de démarche impulsée par le parquet.

Cette disposition trahit plus de la part des pouvoirs publics le sentiment d'une défaillance qu'elle ne garantit au final un meilleur exercice des responsabilités parentales ! Comment imaginer qu'en quelques heures on apprenne à quiconque à être parent ? Que ne l'a-t-on pas fait plus tôt !

Le stage doit être exécuté dans un délai de six mois à compter de la date à laquelle la condamnation est définitive.

Des frais sont mis à la charge du condamné, qui ne peuvent excéder le montant prévu pour les contraventions de 3e classe (soit 450 euros). On confine à une double peine quand on fait financer par les condamnés, un dispositif de service public géré par le secteur privé.

Le contenu du stage fait l'objet d'un projet élaboré par l'autorité chargée du contrôle de sa mise en œuvre.

Après avis du président du tribunal de grande instance, le projet est ensuite validé par le procureur de la République.

Le stage est composé de modules, qui peuvent être élaborés avec le concours des personnes publiques ou privées mettant en œuvre les accompagnements parentaux et les contrats de responsabilité parentale, soit les maires ou présidents de conseils généraux.

On ne dispose d'aucune évaluation de ces stages permettant d'en mesurer le rapport qualité-prix.

## § 2. L'interdiction de fréquenter des enfants

**1° Une interdiction d'exercer une activité professionnelle ou sociale (C. pr. pén., art. 136-1-11)** peut être prononcée comme condition d'une mise à l'épreuve, mais aussi prononcée à titre principal.

**2° La peine de suivi socio-judiciaire (C. pr. pén., art. 131-36-1 et s.)** peut emporter « l'obligation de s'abstenir de fréquenter ou d'entrer en relation avec certaines catégories de personnes, notamment des mineurs » ou « ne pas exercer **une activité professionnelle ou bénévole impliquant un contact habituel avec des mineurs** ».

## § 3. Une période de sûreté

La période de sûreté décidée en matière criminelle peut être portée à vingt ans, voire à perpétuité, en cas d'assassinat d'un mineur de 15 ans, s'il est précédé, accompagné ou suivi d'un viol, de tortures ou d'acte de barbarie (C. pén., art. 221-3).

### § 4. Des mesures de surveillance et de rétention

Des mesures de surveillance et de rétention ont été créées par la loi du 25 février 2008 visant spécialement les auteurs d'actes dont des enfants ont été victimes (C. pr. pén., art. 706-53-13). Le Conseil constitutionnel[1], à juste titre, a censuré la disposition prévoyant la rétroactivité de ces mesures.

## Cinquième axe
## *Des aménagements du droit à l'oubli*

Désormais, par-delà le casier judiciaire, de nombreux fichiers policiers existent (cf. *supra*). On en dénombre quelque vingt-sept, sans que personne ne puisse assurer que ce décompte soit exact. Le souci affiché pour les légitimer est la sécurité des victimes.

La société oublie de moins en moins et a les moyens technologiques de conserver en mémoire des quantités de données.

Il s'agit de prévenir des infractions et de faciliter les enquêtes.

1. Décis. n° 2008-562 DC, Cons. const. 21 févr. 2008 (*JO* 26 févr., p. 3272).

## Sixième axe
## *Le droit à indemnisation de la victime*

Toute personne victime dans sa personne ou dans ses biens a le droit de demander indemnisation à l'auteur de l'infraction ou son civilement responsable. Ainsi les parents d'un condamné mineur au moment des faits seront solidairement tenus d'indemniser la victime (cf. *infra*). Ils feront jouer dans toute la mesure du possible leur contrat chef de famille qui doit les couvrir même si le fait à l'origine du préjudice est volontaire. Éventuellement si le mineur était confié à une institution celle-ci pourrait voir sa responsabilité civile d'autant plus facilement engagée qu'elle est assurée.

Le plus souvent l'auteur n'est pas en état d'indemniser la victime et n'a pas une personne ou une institution susceptible de se substituer à lui. On a eu la préoccupation de ne pas laisser les victimes seules face à leur préjudice physique. Une solidarité nationale a donc été instituée.

Initialement on a ciblé les victimes d'actes de terrorisme. Depuis 1977 le dispositif a été étendu aux actes de violences aux personnes. Aujourd'hui, toute personne ayant subi un préjudice de fait présentant ou non le caractère d'une infraction peut obtenir la réparation intégrale du préjudice portant sur sa personne.

Un Fonds de garantie des actes de terrorisme (FGTI) est alimenté par une taxe forfaitaire sur les contrats d'assurances pour les biens a été instauré. Il s'appuie sur les Commissions d'indemnisation des victimes (CIVI) installées dans chaque TGI.

Les responsables juridiques de l'enfant victime agiront en son nom.

## § 1. La commission d'indemnisation des victimes

### A. Le droit à être indemnisé

Le **préjudice corporel** est seul pris en compte. Il faut :

– une l'infraction, ayant entraîné la mort, une incapacité permanente ou une incapacité totale de travail égale ou supérieure à un mois,

– des faits de viol, d'agression sexuelle, d'atteinte sexuelle, et de recours à la prostitution d'un mineur.

La **réparation intégrale** est possible (C. pr. pén., art. 706-3) :

– en l'absence de faute de la part de la victime,

– si elle est française quel que soit le lieu de l'infraction ou étrangère mais ressortissante de l'Union européenne ou avec un titre de séjour irrégulier si les faits ont été commis en France.

Une faute de la victime peut conduire à réduire ou exclure son indemnité dès lors qu'il y a un lien avec les faits commis. Ce sera le cas d'une victime qui se sera mise elle-même en danger.

## B. La procédure

Rien n'oblige la victime à attendre la fin des poursuites pénales pour saisir la CIVI (C. pr. pén., art. 706-5 et 706-15), mais elle doit agir dans les trois ans suivants les faits. Le délai est prorogé si des poursuites pénales sont engagées et n'expire qu'un an après la décision de la juridiction répressive.

La somme demandée, *a fortiori* la somme allouée par la CIVI, peut être différente de celle obtenue du tribunal.

La victime adresse une requête simple par lettre recommandée au secrétariat de la CIVI. La CIVI envoie le dossier au FGTI qui fera une offre d'indemnisation dans les deux mois. Si la victime l'accepte, elle est homologuée par le président de la CIVI. Si le FGTI refuse de faire une offre ou si la victime refuse la proposition, la procédure devient juridictionnelle et la CIVI statue.

Le Fonds et le demandeur ont un mois pour faire appel après la notification. S'il ne fait pas appel le Fonds doit régler dans le mois. Il est alors subrogé à la victime contre l'auteur une fois qu'il l'a réglée.

### § 2. L'indemnisation par le service d'assistance au recouvrement des victimes d'infractions

Un nouveau dispositif a été introduit en 2008 en faveur des victimes auxquelles sont dues des sommes modestes, mais importantes pour elles (C. pr. pén., art. 705-15-1 et art. 705-6-15-2).

Quatre conditions sont posées à la victime pour être indemnisée par le Service d'aide au recouvrement des victimes d'infractions (SARVI) :

– avoir obtenu une décision de justice pénale définitive postérieure au 1er octobre 2008,

– ne pas pouvoir être indemnisée par la CIVI,

– être dans l'impossibilité de se faire payer par l'auteur,

– avoir saisi le SARVI dans l'année de la condamnation.

La victime recevra l'intégralité de son dommage si la somme est inférieure à 1000 euros et une avance dans les autres cas dans la limite de 3000 euros. L'indemnisation couvre le préjudice corporel, moral et matériel. La victime recevra cette somme dans les deux mois de sa demande. Le SARVI sera subrogé dans ses droits à l'encontre du délinquant débiteur.

## II. – Les spécificités procédurales

Les nombreuses particularités du droit pénal des enfants victimes appelaient à être confortées par des spécificités procédurales. Plus qu'un corps de règles dérogatoires, spécialement consacrées aux enfants, ce sont plutôt des particularités ponctuelles qui ont été introduites au fur et à mesure dans la procédure de droit commun. Le législateur, notamment en 1998 sous l'impulsion du mouvement associatif, a eu le souci de lever les obstacles qui, paralysent des poursuites pénales et rendent aléatoire la réponse judiciaire.

**Un cadre international**

La dynamique française a été cautionnée, relayée et accélérée par le cadre international protecteur des enfants qui a émergé ces dernières décennies. On pense à la Convention internationale relative au droit de l'enfant du 20 novembre 1989, mais de, nombreuses recommandations européennes concernent les mauvais traitements, les violences intrafamiliales ou encore l'exploitation sexuelle et la pornographie. L'ONU elle-même contribue à mieux prendre en compte les victimes. Ainsi en 2005 elle a fait sienne à travers ses Recommandations les lignes directrices élaborées par le Bureau international sur les droits de l'enfant (BIDE) sur l'audition des enfants victimes et témoins[1]. Elle cherche désormais à proposer aux États une loi-type pour décliner cette démarche.

**Les droits de l'enfant victime**

L'enfant victime d'une infraction se voit reconnaître différents droits :

1. www.ibcr.org.

– le droit de faire cesser l'infraction ou veiller au non-renouvellement,

– le droit d'être entendu et d'être soutenu dans sa parole et la défense de ses intérêts,

– le droit de faire sanctionner son agresseur et à tout le moins d'être reconnu pour victime,

– le droit d'obtenir un dédommagement pour le préjudice qu'il a pu subir,

– le droit de se reconstituer.

**Des compétences plurielles : familiales, médicales, sociales, judiciaires, etc.**

La justice n'est pas la seule institution mobilisable pour venir en aide à l'enfant victime, même si elle aura généralement un rôle majeur pour bien affirmer que cet enfant est bien la victime et pas coupable quand, fréquemment, s'agissant d'une agression, l'auteur tentera de renverser les données du problème. Il est essentiel que la justice exerce cette responsabilité même si, faute de preuve, au final, elle ne va pas jusqu'à condamner de l'agresseur. Le procureur de la République recevra ou fera recevoir la victime pour lui expliquer pourquoi il n'engage pas des poursuites; le juge d'instruction expliquera pourquoi il est contraint de rendre un non-lieu à poursuites ou le président de la juridiction de jugement expliquera pourquoi elle ne peut pas condamner. Classement sans suite, non-lieu, relaxe ou acquittement ne signifient pas nécessairement que le mis en cause soit innocent et la victime coupable, mais que la preuve de la culpabilité ne peut pas être rapportée judiciairement comme on l'aurait souhaité et comme il l'eut fallu !

L'enfant victime doit bénéficier d'un accompagnement, psychologique, médical ou social et, bien évidemment, d'une présence familiale renforcée. Les parents pourront être présents tout le temps de la procédure pénale, ils assisteront leur enfant dans la démarche de restructuration engagée avec des thérapeutes. Mais des professionnels peuvent être appelés pour étayer la jeune victime et parfois ses proches, le ou les conseiller, et parfois, pour se substituer aux parents défaillants.

Reste avant toute chose à enclencher une réaction à l'infraction dont l'enfant a été la victime.

Là encore quatre axes sont aujourd'hui privilégiés.

## Premier axe
## *Lever les obstacles aux poursuites pénales*

Des règles spécifiques aux enfants-victimes concernent la prescription et une compétence territoriale étendue.

### § 1. La prescription régulièrement réduite

Le droit à l'oubli et le souci de créer les conditions d'un apaisement social sont des enjeux majeurs. Pour autant, le temps ne doit pas être une nouvelle arme offerte au délinquant pour échapper à sa responsabilité quand, il a déjà joué sur la faiblesse de sa victime. Le législateur a eu le souci de ne pas offrir une prime à l'agresseur d'un enfant qui le temps de sa minorité aura pu se taire avant, d'oser parler la maltraitance supportée ou qui aura pu pâtir de l'inertie de ses parents, quand tout simplement ceux-ci ne sont pas ses agresseurs.

Les retouches législatives se multiplient pour restreindre le bénéfice de la prescription et donc corrélativement faciliter à la victime la possibilité de se faire rendre justice.

Plusieurs lois ont touché ce sujet :

– la loi Dorlhac du 10 juillet 1989 sur la maltraitance à enfants et la loi du 4 février 1995 suspendent la prescription pour certains crimes ou délits ;

– le texte majeur est la loi Guigou du 17 juin 1998 sur la prévention de violences sexuelles qui étend ces dispositions en suspendant la condition tenant au lien d'ascendant ou au rapport d'autorité prévue en matière délictuelle et augmente la durée du délai de prescription dans certains cas ;

– la loi du 9 mars 2004 dite Perben II restreint encore la possibilité d'acquisition de la prescription.

Deux techniques sont utilisées.

### 1° Le point de démarrage du délai est reculé

Classiquement le délai commence à courir à compter de la commission de l'infraction. S'agissant d'un délit continu – comme la séquestration – le délai court à la fin de l'infraction.

Les lois de 1989 et 1995 ont introduit pour les enfants victimes une exception s'agissant de crimes ou de délits commis par ascendants ou personnes ayant autorité : le départ du délai de prescription est reculé à la majorité de la victime. Il s'agit donc de protéger les enfants dont les agresseurs sont leurs propres parents, *a priori* peu disposés à faire le nécessaire pour les protéger en justice !

Depuis 1998, on a régulièrement étendu le champ de cette exception en visant de nouvelles infractions. L'article 706-47 du Code de procédure pénale énonce ces nombreuses exceptions : comme le viol (C. pén., art. 222-23), le proxénétisme sur mineur (C. pén., art. 225-7, 1) ou les atteintes et agressions sexuelles.

### 2° La durée du délai de la prescription est allongée

En matière de crimes ou de délits dont un enfant a été victime la prescription peut être portée à vingt ans pour les crimes mentionnés à l'article 706-47 du Code de procédure pénale et le crime prévu par l'article 222-10 du Code pénal. Ces dispositions sont également applicables aux procédures concernant les crimes de meurtre ou d'assassinat commis avec tortures ou actes, barbarie, les crimes de tortures ou d'actes de barbarie et les meurtres ou assassinats commis en état de récidive légale.

## § 2. Le champ d'application du droit pénal français s'étend

*A priori*, le droit pénal français s'applique aux personnes, françaises ou étrangères commettant des crimes et délits en France (C. pén., art. 113-2) dès qu'un des faits constitutifs de l'infraction a eu lieu en France (C. pén., art. 113-2).

Pour autant des faits commis par un Français à l'étranger, voire un étranger résidant habituellement en France, peuvent être exceptionnellement punissables en France.

Le Code pénal français a eu aussi le souci de rendre justice aux Français victimes à l'étranger de crimes et délits.

### A. Concernant l'auteur français ou l'étranger résidant habituellement en France

Un Français vivant à l'étranger relève du droit applicable dans ce pays. Il peut également avoir à rendre des comptes devant les autorités judiciaires françaises si la victime porte plainte ou si les autorités du pays saisissent la France

Pour combattre le tourisme sexuel cette dernière condition n'est plus exigée depuis

1998. Imagine-t-on que l'enfant thaïlandais obligé de se prostituer local va se rendre au commissariat pour porter plainte contre le touriste sexuel ?

On visait initialement les Français ; le législateur a étendu ces dispositions à l'étranger résidant habituellement en France.

**Cinq infractions** sont retenues :

– la corruption de mineurs (C. pén., art. 227-22),

– l'exploitation de l'image pornographique d'un mineur (C. pén., art. 227-23),

– l'atteinte sexuelle sans violence sur mineur de moins de 15 ans (C. pén., art. 227-25),

– l'atteinte sexuelle sans violence aggravée sur mineur de moins de 15 ans (C. pén., art. 227-26),

– l'atteinte sexuelle sur mineur entre 15 et 18 ans avec des circonstances aggravantes particulières (C. pén., art. 222-27).

En cas de récidive les peines sont doublées. Ainsi, à son retour d'Asie, un touriste sexuel d'habitude a été condamné par le tribunal correctionnel de Grenoble à douze ans d'incarcération. Mais bien trop peu de touristes sexuels sont inquiétés.

### B. Concernant la jeune victime française d'un crime ou d'un délit commis à l'étranger

En principe des faits sont punissables en France à la requête du ministère public après plainte de la victime ou de ses représentants légaux ou ayants droit ou dénonciation officielle par l'autorité du pays où ils ont été commis (C. pén., art. 113-7). Mais afin de poursuivre en France les faits d'excision[1] ces conditions sautent pour l'enfant étranger résidant habituellement en France victime hors de nos frontières de violences graves ayant entraîné soit la mort de la victime sans intention de la donner, soit une incapacité totale de travail de plus de 8 jours.

## Deuxième axe
## *Les institutions spécialisées professionnalisées*

Petit à petit des services se sont spécialisés pour les enfants victimes compte tenu de la spécificité des problèmes posés aux jeunes victimes. Il a fallu ici aussi faire preuve d'ima-

1. Pour comprendre les motivations de l'excision lire *La coupure* de l'anthropologue Christine Bellas Cabane (cf. *ASH* 27 févr. 2009, n° 2598).

gination et d'originalité parfois en s'inspirant de ce qui se fait à l'étranger notamment au Québec. Malgré les efforts indéniables développés sur 30 ans on reste quand même au tout début d'un processus.

## § 1. Des enquêteurs spécialisés

### A. La police des mineurs

De brigades dites des mineurs ont pour mission d'enquêter sur les faits dont les enfants peuvent être victimes. Elles ont aussi le souci des enfants en fugue ou victime d'enlèvement.

Les policiers qui y sont affectés reçoivent une formation spécialisée. Ils sont généralement répartis dans les commissariats par petites équipes.

Une importante initiative a été prise sur le thème de l'audition des enfants sous l'impulsion du Centre de formation de la police nationale de Gif-sur-Yvette, spécialement sous la houlette du lieutenant Carole Mariage auteur d'une thèse sur ce sujet associée au capitaine Thierry Terraube[1]. Une méthodo-

1. C. Mariage, *Vidéo et audition policière avec des enfants : de l'opportunité d'introduire la vidéo dans le cadre des auditions poli-*

logie très rigoureuse a été élaborée liée à un long temps d'observation en commissariat des entretiens d'enfants victimes (v. L'audition de l'enfant).

Cette formation dispensée à Gif-sur-Yvette est ouverte aux gendarmes.

Les policiers qui sont intervenus dans l'affaire d'Outreau n'avaient pas reçu cette formation et n'ont pas respecté les règles posées par la loi du 17 juin 1998.

Un millier de fonctionnaires de police ont été ainsi spécialement formés. Mais il semble que cette formation soit désormais arrêtée. Les priorités sont ailleurs. On doit s'en inquiéter.

## B. La gendarmerie

Les brigades créées à partir de 1997 pour prendre en charge les jeunes délinquants, d'où le titre de brigade de prévention de la délinquance juvénile, ont aussi vocation à s'occuper des enfants victimes.

Ce sont les gendarmes de la Réunion qui ont mis au point la technique MELANIE, importée du Québec pour enregistrer la pre-

---

*cières avec des enfants victimes*, mémoire, Université Tours-François Rabelais, 1992.

mière audition des enfants victimes. Avec l'aide du tribunal de Saint-Pierre de la Réunion ils ont réussi à l'imposer en France.

## § 2. Des services médicaux spécialisés

Non seulement il faut régulièrement faire appel aux services médicaux pour soigner des enfants agressés, mais il peut être nécessaire de mobiliser les compétences médi cales pour établir certaines preuves. Le corps de l'enfant parle. Le certificat médical d'un médecin classique peut s'avérer fondamental, mais on aura souvent intérêt à s'appuyer sur des services spécialisés qui par leur méthodologie d'intervention donneront plus de garanties.

L'expertise médico-légale est le premier examen pratiqué dans une situation de violence, notamment sexuelle. Il doit être complet dans l'intérêt même de la victime supposée et dès lors souvent pas aisé à pratiquer. Il peut être pratiqué à tout moment de l'enquête, mais à l'expérience il doit être fait dans un moment très proche de l'audition. Il peut même s'inscrire dans une pause de l'audition de la victime

Des unités médico-judiciaires (UMJ) ont été créées pour accueillir les victimes, réaliser les prélèvements et procéder à toutes les observations utiles.

Dans certains lieux l'unité médico-judiciaire a été organisée afin, non seulement de recevoir et examiner la victime, mais de l'entendre et d'enregistrer son audition. On veut ainsi éviter des transports et des attentes, de nouvelles appréhensions psychologiques. On peut aussi disposer de conditions optimalisées de recueil de la parole de la jeune victime. La circulaire du 2 mai 2005 incite à la création de ce genre d'équipements. Nombre ont été financés sur fonds privés avec l'appui du réseau associatif comme la Fédération « La Voix de l'enfant »

## § 3. Le procureur de la République

Le parquet ici comme dans tout domaine a une politique pénale

Il lui revient de donner l'impulsion aux services de police locaux pour investiguer sur les infractions dont les enfants pourraient être les victimes (trafics de drogue à la sortie des écoles, réseaux pédophiles ou autre dispositif où de jeunes personnes peuvent être appelées à faire des photos à caractère pornographique).

Il engagera régulièrement des poursuites pénales devant le tribunal pour enfants si l'auteur est mineur, devant le tribunal correctionnel s'il est majeur ou il saisira un juge d'instruction. À l'audience, il sera présent pour soutenir la parole de la société et venir en aide éventuellement aux victimes.

D'une manière générale, il a le souci de l'ordre public c'est-à-dire d'une protection globale de la société en veillant à faire cesser l'infraction et à éviter son renouvellement. Il lui faut donc veiller à la rigueur juridique de l'intervention policière et de l'instruction. Il veillera à ce que l'enfant victime soit soutenu psychologiquement et accompagné.

Dans le même temps où il se pose la question des suites pénales d'une affaire, il apprécie s'il convient de saisir les juridictions civiles (TGI, JAF, juge d'instance ou encore juge des enfants en protection de l'enfance en danger) pour défendre les droits et intérêts de l'enfant.

Les mêmes substituts auront souvent en charge de répondre à la délinquance des moins de 18 ans et de veiller à la protection de l'enfance en danger ; ils s'assurent des réponses apportées aux enfants victimes d'infractions soit de la part d'autres mineurs, soit de la part d'adultes.

## § 4. Le juge d'instruction

Dans chaque tribunal de grande instance, un juge d'instruction au moins est censé être habilité dans les affaires de mineurs victimes. Eu égard à la nature et du nombre des affaires souvent à connotation sexuelle dont il a à connaître, ce juge a une tâche rude. En pratique on est loin du compte : on affectera spécialement plus facilement un juge d'instruction dans le domaine des infractions financières que pour les enfants victimes. Reste ici comme ailleurs à voir à quel avenir est voué le juge d'instruction.

## § 5. L'administrateur *ad hoc*

Les parents sont normalement les représentants légaux de leur enfant mineur (C. civ., art. 371 et s.). Ils veillent à la protection de ses intérêts en justice.

Il se peut qu'ils ne soient pas en situation de veiller au respect des droits de leur enfant. Ainsi ils sont absents ou tétanisés par ce que vient de subir leur enfant, parfois dépassés par les événements comme la mère partagée entre le souci de défendre sa fille victime de son mari, mais aussi le souci de faire libérer l'époux qui fait vivre la famille ! *A fortiori* s'ils sont auteurs ou complices des faits subis.

Il faut alors désigner quelqu'un qui devra défendre les intérêts matériels et moraux de l'enfant victime (C. pr. pén., art. 706-50).

La nomination peut intervenir lorsque la protection des intérêts de l'enfant « n'est pas complètement assurée par ses représentants légaux ou par l'un d'entre eux ». Pour autant il n'y a pas de systématisme dans la désignation. Il faut apporter la preuve de cette défaillance, même partielle. Ainsi si le père est l'agresseur il faut vérifier que la mère est incapable de faire face ce qui peut arriver mais n'est pas nécessairement le cas.

Cet administrateur *ad hoc*, nommé parmi les proches de l'enfant ou sur une liste de personnalités (C. pr. pén., art. 706-51) accompagne humainement et juridiquement la victime. Il est chargé de représenter le mineur dans la procédure pour laquelle il est désigné (par ex. il peut se constituer partie civile) et de l'accompagner dans le processus pénal (par ex. désignation d'un avocat). Il sera présent auprès de lui dans ces différentes auditions ou lors des expertises médicales ou psychiatriques, confrontations et autres phases qui marquent la procédure judiciaire (comme un parent). Il aura à lui expliquer le déroulement de la procédure.

Le juge d'instruction partage le pouvoir de le désigner avec le procureur de la République. Le président de la juridiction de jugement y pourvoira si au dernier moment il relevait une carence.

La désignation se fait par simple réquisition, procès-verbal, ordonnance en visant l'intérêt de l'enfant. Elle sera notifiée aux titulaires de l'autorité parentale qui pourront en faire appel.

Très souvent le président du Conseil général est désigné. On aura le souci de veiller à éviter les contradictions d'intérêt car il n'est pas rare que l'enfant victime ait été agressé par un autre enfant lui aussi confié à l'ASE.

Des personnes physiques ou des associations comme les associations départementales d'aide aux victimes pourront être sur cette liste.

Quoiqu'aucun texte ne le dise formellement, la mission cessera dès que la victime atteint sa majorité. Elle pourra alors se constituer partie civile en son propre nom.

Cette mission peut s'étaler sur plusieurs années. Elle est donc très exigeante et peu dédommagée par l'État. Dans les trois mois qui suivent l'achèvement de sa mission, l'administrateur *ad hoc* doit rendre des comptes sur l'accomplissement de sa mission.

## § 6. Un accompagnant

L'enfant peut souhaiter être assisté d'une personne adulte durant l'enquête de police. Généralement, il attendra la venue d'un de ses proches (parents, frères et sœurs aînés, tantes et oncles, etc.). Les parents ou les enquêteurs peuvent aussi souhaiter une présence.

La loi permet au parquet de désigner une personne à cet effet (C. pr. pén., art. 706-53). Il peut s'agir d'un membre de la famille ou d'un professionnel de l'enfance spécialement mandaté : un psychologue, un médecin-pédiatre, un éducateur ayant à connaître de la situation du jeune au titre de l'assistance éducative, tout simplement l'administrateur *ad hoc* désigné par le parquet.

Cette personne devra avoir un rôle totalement neutre au regard de la direction de l'enquête. Sans être passive. Son rôle consiste à soulager la jeune victime : lui donner des conseils, appellera l'attention de l'enquêteur si l'enfant est en difficulté. Elle doit dédramatiser ce que l'institution policière ou médicale impose, malgré elle comme nouveau traumatisme à la jeune victime. Ainsi l'accompagnant lui expliquera le sens et la portée des différentes séquences qui lui sont imposées afin de les rendre moins dures à supporter. Il lui permettra de récupérer après une séquence émotionnellement chargée. Le parquet pourra préciser par écrit le rôle de cet accompagnant afin d'éviter des contestations postérieures sur la partialité de la procédure.

Cette mission est donc tout en finesse. La loi dans ses termes ne l'éclaire pas, mais son esprit est évident : il s'agit de créer un climat de nature à faciliter l'audition pour elle et pour l'enquête.

## § 7. L'avocat de l'enfant

Il n'y a pas de droit concret sans réelle défense et l'avocat est le défenseur naturel devant les juridictions. Or sa présence est possible, souvent nécessaire, mais pas obligatoire, auprès de la victime.

Il peut être choisi par l'enfant; il pourra l'être par les représentants légaux ou l'administrateur *ad hoc*. Il peut également l'être au final par la juridiction si elle s'aperçoit que les intérêts ne sont pas défendus.

Les barreaux ont fait l'effort depuis vingt ans de se doter d'avocats spécialisés sur la défense des enfants. Ces avocats sont regroupés au sein du barreau en une « Antenne » ou un « Groupe mineurs » qui veille à leur formation et à leur reconnaissance. Seuls les avocats ayant suivi la formation mensuelle peuvent être désignés au titre de l'aide juridictionnelle par leur Ordre.

L'avocat doit assister et/ou représenter l'enfant notamment quand la présence de celui-ci est impossible, contraire à son intérêt ou qu'il s'y refuse.

Il défend les intérêts de l'enfant devant les juridictions. Il demande l'audition de l'enfant par le juge ou un expert, plus généralement il formule les demandes d'actes qui lui paraissent nécessaires. Il fait appel des décisions judiciaires si besoin est quand ce recours est ouvert.

## § 8. Des juridictions de jugement au pénal

Force est de constater qu'il n'y a pas de juridictions spécialisées au bénéfice des victimes, même si la multiplication des affaires finit par donner une culture spécifique aux juges qui en sont en charge.

L'affaire pénale une fois instruite sera renvoyée devant une juridiction de jugement : le tribunal correctionnel ou la cour d'assises.

Durant l'instruction des recours sont ouverts contre les décisions du juge d'instruction devant la chambre de l'instruction de la cour d'appel.

Après jugement en première instance là encore un appel est possible devant une chambre spécialisée de la cour d'appel ; en matière criminelle on ira devant la cour d'assises d'appel qui comprend neuf et non plus six jurés.

À travers une procédure d'assistance éducative (C. civ., art. 375 et s. ; cf. *supra*) le juge des enfants pourra être saisi en parallèle de l'instruction ouverte contre le ou les auteurs. Le fait que l'enfant ait été victime ne signifie nullement que les parents ne soient pas capables d'assurer sa protection ou de réagir à ces faits, mais il est des cas où les parents sont tétanisés et un soutien s'impose.

*A fortiori* le juge des enfants doit-il être informé (C. pr. pén., art. 706-49) du fait que l'un des enfants dont il est déjà saisi est tenu pour victime dans une information ouverte devant un juge d'instruction.

À relever que le même juge des enfants peut avoir à connaître du cas de l'enfant victime, mais aussi du cas de l'enfant agresseur s'il a moins de 16 ans et si le parquet n'ouvre pas en matière criminelle. Il appréciera s'il peut mener les deux tâches en parallèle.

## § 9. Les experts

À tous les stades de la procédure les magistrats peuvent être appelés à mobiliser des experts en tous domaines pour éclairer une situation, leur permettre d'analyser des faits ou encore évaluer les conséquences de tel acte.

Des listes d'experts dressées par la cour d'appel permettent de mobiliser des spécialistes formés à la technique de l'expertise judiciaire, mais tout juge reste libre de rechercher l'expert adapté à une situation.

Il trace sa mission et se fera rendre compte de son exercice à travers un rapport.

L'expertise n'est pas contradictoire, mais l'examen de ses conclusions le sera.

Une contre-expertise peut toujours être demandée au juge. Rien n'oblige celui-ci à y faire droit.

La tendance a été de reconnaître beaucoup de pouvoir, trop dit-on parfois, aux experts en démissionnant littéralement entre leurs mains dans certains cas du pouvoir d'appréciation du juge. L'affaire d'Outreau a eu pour effet de remettre un tant soit peu les pendules à l'heure en permettant d'en finir avec l'examen de crédibilité de la victime qui amenait les juges à demander à des experts psychologues ou psychiatres de dire si telle jeune personne mentait ou pas. L'expert ne doit pas juger, mais aider le juge à se faire une opinion. Et ce juge doit assumer sa responsabilité de juge en décidant.

## § 10. Les associations d'aide aux victimes

Elles ont pour mission d'accueillir les victimes et leur famille ; elles écoutent et les informent de leurs droits.

Dans certains cas et sous certaines conditions les associations peuvent intervenir au procès pénal et agir pour le compte de la victime, parfois en leur nom propre au nom de l'intérêt général.

La loi permet à certaines associations qui ont pour objet de par leur statut de défendre et d'assister l'enfance martyrisée ou les enfants victimes d'atteintes sexuelles de se constituer partie civile au nom et pour le compte des parents et de l'enfant victime s'agissant notamment des atteintes à l'intégrité sexuelle, d'actes tortures et de barbarie, des violences et les infractions de mise en péril des mineurs. Elles doivent alors avoir l'accord exprès des parents.

Elles ne peuvent généralement se constituer que si le parquet a déjà engagé les poursuites pénales ou lorsque les représentants de la victime se sont constitués partie civile. Les cas d'infractions commises à l'étranger par des Français ou des résidents étrangers en France constituent une exception.

En recueillant sa plainte les enquêteurs doivent prévenir la victime et ses représentants de leur droit de faire appel à une association d'aide aux victimes et leur donner les coordonnées de l'association locale.

## § 11. Le Défenseur des droits

Créé par la loi de 2000 pour répondre aux recommandations européennes le Défenseur des enfants peut être saisi de situation individuelle où des enfants seraient victimes; il ne doit pas interférer avec le cours d'une procédure judiciaire, mais rien ne lui interdit de saisir le ministre de la Justice ou le parquet compétent pour appeler l'attention sur tel ou tel point.

Le Défenseur des enfants a été fondé en 2011 au sein de la nouvelle entité Défenseur des droits.

## Troisième axe
## *La parole de l'enfant mieux considérée*

Toute victime a le droit de se faire rendre justice. Certes l'auteur doit rendre des comptes et supporter si nécessaire une sanction pénale, voire civile, mais Il est déjà essentiel que soit affirmé haut et fort qui de la victime et de son agresseur est le coupable! Les agresseurs d'enfants ont tôt fait de faire porter à leur victime la responsabilité de la faute qu'ils ont commise. Ainsi les enfants seraient des séducteurs auxquels les adultes ne pourraient pas résister.

Dans certains cas des poursuites pénales ne sont pas opportunes : la victime peut obtenir satisfaction autrement. Parfois l'agression étant réelle, la preuve en sera difficilement rapportée en justice : il faut donc éviter de fourvoyer la victime dans un parcours souvent éprouvant, voué au final à l'absence de condamnation. Reste que certaines victimes n'ont que faire d'une punition, mais veulent seulement que l'intéressé rende publiquement des comptes en sentant le poids du regard des autres sur lui.

En tout cas, la justice va jouer un rôle majeur pour permettre la reconstruction de la victime.

L'institution judiciaire, plus sensible à sa mission et mieux outillée tente de promouvoir de bonnes pratiques[1]. Ainsi elle a enfin réalisé que certains moments peuvent être particulièrement éprouvants en particulier pour les jeunes enfants :

– entendu de nombreuses fois par la police ou les magistrats l'enfant pourra avoir le sentiment de n'être pas cru ;

– devant les dénégations forcenées de son

1. http://www.lien-social.com/spip.php?article249&idgroupe=4

infracteur ou ses allégations la victime peut se sentir accusée et culpabiliser ;

– le sentiment d'injustice sera exacerbé si le parquet classe, le juge d'instruction rend un non-lieu ou la juridiction de jugement prononce une relaxe ou un acquittement sans explications ;

– lors d'éventuelles confrontations avec l'infracteur : la mise en relation entre les deux peut s'avérer difficile, des menaces sont parfois proférées ou des pressions exercées pour la faire changer de position ;

– des examens médico-légaux pratiqués sans précautions psychologiques sont traumatisants ;

– à la sortie de prison de l'infracteur la victime peut craindre de se trouver à nouveau confrontée avec lui et avoir peur de représailles surtout s'il s'agit d'un proche comme un membre de la famille ;

– l'audience de jugement peut être éprouvante et l'enfant aura tendance à vouloir y échapper. Or, bien gérée, cette audience peut contribuer à lui faire dépasser son statut de victime en entrevoyant l'avenir.

Ajoutons que l'affaire ne s'arrête pas au jugement. Que va-t-il advenir ensuite ? La victime va-t-elle croiser son agresseur ?

Si l'institution judiciaire est appelée à jouer un rôle majeur, encore faut-il déjà saisir les messages d'alerte que la jeune victime envoie directement ou indirectement. Il faut qu'elle ose le faire, donc l'assurer que ce message sera lu et ne se retournera pas contre elle ; encore faut-il déjà que ce message soit décrypté et analysé. Un traitement plus professionnel qu'il n'était s'imposait.

Tous ceux qui environnent l'enfant ont une part de responsabilités pour le protéger. Parents, amis, enseignants, médecins, travailleurs sociaux, etc. peuvent observer des faits surprenants ou choquants qui méritent d'être relevés. Un droit d'ingérence a été peu ou prou consacré. À tout le moins on ne doit pas hésiter à saisir ceux qui sauront quoi faire de ces informations préoccupantes. **Intervenir n'est pas une faculté, mais un devoir** sans pour autant jouer au héros. À défaut, on s'expose à des poursuites pour non-dénonciation de crime ou non-assistance à personne en péril. Le secret professionnel cède devant le secours à l'enfant en danger.

## § 1. Libérer la parole de la victime

La prise en compte dans la parole de la jeune victime se heurte à trois handicaps : être enfant, victime et souvent femme (s'agissant des violences sexuelles).

Dans la dernière période, pour reprendre une formule souvent utilisée, la société s'est débouché les oreilles et a ouvert les yeux c'est-à-dire qu'elle a su entendre et interpréter les violences à enfants. Les enfants plus en confiance osent parler, quand auparavant ils restaient régulièrement cloîtrés dans le silence.

Après avoir été niée comme toute parole de victime, mais en outre comme une parole d'*infans*, la parole de l'enfant a pu être sacralisée par ceux qui ont oublié que tout juge doit systématiquement passer la parole de tout justiciable au crible d'autres techniques probatoires (cf. *supra*).

Désormais il ne faudra donc pas se contenter d'entendre l'enfant, mais analyser le contexte de la révélation et l'environnement familial et social de l'enfant. Ainsi la parole de l'enfant doit être réinscrite dans le système relationnel des membres de sa famille. « En effet, dans une famille incestueuse, la règle interne se substitue à la loi sociale et la famille fonctionne comme de manière clanique »[1].

Il faut également conserver un sens critique. Sans oublier que les silences d'un enfant sont souvent parlants.

## A. Une parole crédible : l'expertise médico-psychologique

Pour combattre le doute qui peut entourer la parole de l'enfant comme de toute victime, mais aussi pour prendre mieux en compte la réalité de ce qu'il aura pu supporter, on s'attachera aux constatations matérielles, à l'observation de son corps, mais bien sûr au récit de la victime, à son comportement.

Le regard extérieur d'un expert peut être utile.

Une expertise médico-psychologique peut avoir lieu à tout moment de la procédure avant la consolidation, mais il y a intérêt à ce qu'elle intervienne le plus tôt après la révélation (C. pr. pén., art. 706-48).

Elle sera confiée à des psychologues spécialisés disposant d'une expérience dans le

1. P.-É. Tater, *Le recueil, l'interprétation et le poids de la parole de l'enfant dans le processus pénal*, mémoire de master II, Nanterre, 2006, p. 89.

domaine de l'enfance et de l'adolescence, de l'analyse et de l'observation clinique.

Elle permet de faire le point sur l'état psychologique de la victime et d'apprécier la nature du préjudice allégué (corporel et moral) et son impact (son retentissement psychologique). Elle contribue aussi à établir la véracité des faits en s'attachant à la personnalité : la victime est-elle affabulatrice ou non ?

Elle peut aussi être utile pour l'indemnisation matérielle de la victime puisqu'avec la loi du 17 juin 1998 la victime de violences sexuelles peut être indemnisée à 100 %.

Elle est fortement recommandée mais pas obligatoire. Son absence n'est pas sanctionnée par une nullité. Le parquet devra y veiller ; à défaut, le juge d'instruction pourrait prendre le relais.

Trop longtemps, on a attendu de cette expertise qu'elle « crédibilise » la parole de la victime alors même que la loi ne lui assigne pas cet objectif. Désormais une série de questions est susceptible d'être posée :

Le plaignant présente-t-il des troubles ou anomalies susceptibles d'affecter son équilibre psychique ; quel est son niveau d'intelligence ?

Quels sont les circonstances et le contexte de la révélation ? Existe-t-il des facteurs éventuels de nature à influencer les dires du plaignant ?

Quid du retentissement et des modifications de la vie psychique depuis les faits en cause ? Peuvent-ils être évocateurs d'abus sexuels ?

Quelles remarques peut-on faire sur le récit du plaignant et son évolution depuis la révélation sous l'angle psychique ou psychopathologique ?

Quel est le degré de connaissance ou de maturation du plaignant en matière sexuelle ?

Peut-on formuler un pronostic sur le retentissement observé ? Est-il opportun de conseiller un suivi thérapeutique ?

La circulaire du 2 mai 2005 a donné des instructions en ce sens en prescrivant un renforcement du contrôle continu des experts et des expertises et en proposant un modèle d'expertise qui proscrit le terme de crédibilité.

## B. Une parole écoutée et décryptée

Pour le docteur Bensoussan la révélation de l'enfant peut être « accidentelle, spontanée ou provoquée »[1].

Les occasions de révélation de l'enfant de ce qu'il a vécu et souffert sont multiples.

Les parents sont les confidents naturels et premiers de ce qui a pu arriver à leur enfant. Ils le sont généralement même sans que leur enfant leur parle explicitement.

Ils vont immédiatement veiller à réagir à ces révélations. Le plus souvent, ils réagiront en effet. Il leur revient de trouver le ton juste : ni banaliser au risque de décevoir leurs enfants, ni dramatiser au point d'être paralysés eux-mêmes ou de laisser à penser qu'une catastrophe indélébile vient de survenir.

C'est fréquemment à l'école auprès des personnels de l'Éducation nationale (un professeur, l'infirmière ou un surveillant, etc.) ou auprès d'un copain de classe que l'enfant pourra révéler des faits dont il a été victime.

Il faut offrir aux enfants des lieux et des temps où trouver cette écoute et mettre en

1. F. Rault et P. Bensoussan, *La dictature de l'émotion. La protection de l'enfant et ses dérives*, Belfond, 2002, p. 60.

place des dispositifs de traitement de ces informations afin qu'elles ne tombent pas aux oubliettes au risque de décourager les enfants de parler.

Il faut tout simplement dire aux enfants confidents quoi faire du secret révélé par leur ami.

Dans les années quatre-vingt a été mis en place à l'échelle départementale, puis nationale, un dispositif téléphonique de recueil téléphonique des informations concernant les enfants maltraités ou en danger : le Service national d'écoute téléphonique pour l'enfance maltraitée, devenu en 2007 le Service national d'écoute pour les enfants en danger (SNATED). Avec une soixantaine de spécialistes, il offre un lieu d'écoute pour des enfants ou des adultes qui localement ne sauraient pas à qui s'adresser. Il ne s'agit pas de traiter le problème, mais de l'accueillir, puis de voir qui localement pourrait le traiter ou en aura déjà éventuellement connu, avec quelles limites, de façon à ce que cette parole reçoive une vraie réponse.

## § 2. Faciliter l'expression et porter la parole de l'enfant

### A. La possibilité de faire accompagner l'enfant le temps de l'enquête de police

L'idée de faire accompagner l'enfant durant l'enquête par une tierce personne a été introduite par la loi du 17 juin 1998 (Circ. du 20 avr. 1999) après une expérimentation de terrain. Il s'agissait pour l'enfant privé d'un accompagnement parental de ne pas être isolé dans ces différentes séquences policières, médicales, voire judiciaires. La procédure peut être violente subjectivement et déjà insécure pour lui.

Par sa présence et ses propos ce tiers le rassurera en lui expliquant ce qui se joue ou va se jouer (C. pr. pén., art. 706-53) (cf. *supra*, I).

Cette opportunité reste trop rarement utilisée, les policiers ayant le sentiment qu'ils vont être dérangés dans leur exercice. L'expérience démontre pourtant qu'une jeune victime rassurée est plus disponible pour répondre à un interrogatoire qui reste une épreuve.

### B. La prise en compte de l'intérêt de l'enfant victime

La responsabilité de se constituer partie civile au nom de l'enfant, de désigner un avocat et d'accompagner l'enfant tout le long de la procédure judiciaire revient aux parents ou à l'un d'entre eux. Mais il est des parents qui ne sont pas en mesure de veiller pleinement à la défense des droits de leur enfant. Le procureur pourra donc prendre l'initiative de désigner un administrateur *ad hoc* (C. pr. pén., art. 706-50).

## Quatrième axe
## *Recueillir et traiter la parole de l'enfant*

### § 1. Le recueil de la parole de l'enfant par un service d'enquête

Avant d'être technique le problème du traitement de la parole des enfants victimes est d'abord une question politique. Quelle image et quelle représentation les enfants ont-ils de la police ? L'apprécient-ils au point de s'y rendre quand ils sont violentés ? On peut craindre que nombre de jeunes – les jeunes filles victimes de viols –, notamment dans les quartiers dits sensibles, soient dissuadés d'aller chercher aide et secours au commissariat. Fort heureusement ces obstacles peuvent être dépassés et le sont souvent.

## A. L'audition de l'enfant

Dans les années quatre-vingt, les services d'enquête ont pris conscience de leurs défaillances dans la prise en compte de l'enfant victime[1] et ils se sont évertués à réagir.

Il doit bien s'agir d'une audition et non d'un interrogatoire. L'enfant ne doit pas être suspecté même si, comme toute parole dans une affaire pénale, sa parole doit supporter une approche critique.

On aura de plus en plus le souci de ne pas se contenter de ce qui est dit, mais aussi de ce qui est observé. Des silences ou certains gestes peuvent être expressifs. On les notera. Tout simplement, l'attitude générale de l'enfant est intéressante : est-il agité ? serein ? A-t-il hâte de parler ou est-il sur la réserve ? Autant d'éléments qui peuvent s'avérer utiles pour la contextualisation des propos tenus.

1. De même pour l'audition de l'enfant auteur qui est devenue obligatoire.

L'enquêteur aura le souci dans un premier temps de ne pas être directif pour ne pas être accusé au final d'avoir suggéré les propos. On laisse l'enfant s'exprimer à sa manière, avec ses mots quitte à accepter des pertes de repères chronologiques. Dans un deuxième temps on peut chercher à obtenir des détails, des descriptions de lieux, de décors ou encore à s'attacher à telles particularités physiques de l'agresseur, surtout si elles sont censées être cachées.

De remarquables officiers de police, ont largement contribué à mettre au point une technique et une méthodologie d'audition très fine et des formations ouvertes aux policiers et aux gendarmes. On reste certes loin du compte en nombre de personnels formés, mais l'effort entrepris vaut d'être relevé et salué sachant les résistances rencontrées et persistantes.

L'observation a permis de dégager quelques règles de comportement pour s'assurer de créer des bonnes conditions à l'audition. Deux exemples :

**– Souvent les enfants appréhendent d'aller au commissariat.**

Ils sont d'autant moins rassurés que leur accompagnateur hésite, cherche son chemin et n'est pas trop disponible pour lui. Il suffit de faire venir la veille celui qui accompagnera l'enfant ; le lendemain il ira d'un pas ferme et assuré vers le bureau où l'enfant est attendu. Tout simplement rien n'interdit aux policiers avant l'audition, de faire visiter leurs locaux à l'enfant, de lui présenter les personnels ou de lui donner des explications sur ce qui va se passer. Il sera ainsi familiarisé et plus détendu au moment de se rendre à l'audition.

– **Fréquemment, l'enfant est bloqué par son interlocuteur.**

Pas facile de parler à un policier qui rappelle son père. Lui donner une femme policière comme interlocutrice peut être une fausse bonne idée si la mère a été complice des faits. On a aussi imaginé de faire appel à un policier chevronné aux tempes grises. Mauvaise idée si le grand-père a été associé, sinon est acteur des faits. On recevra donc l'enfant à plusieurs autour d'une petite collation ; très rapidement son regard accrochera celui qu'il veut avoir comme interlocuteur ; les autres s'éclipseront. L'enfant aura lui-même résolu le problème

Bien évidemment les policiers utiliseront les techniques classiques d'entretien adaptées enfants : des séquences courtes, une approche ludique si nécessaire, le recours à des poupées, l'usage du dessin, etc. Un psychologue pourra les assister.

On peut toujours critiquer telle pratique dans une affaire donnée, mais indéniablement l'audition des enfants par les services de police s'est professionnalisée et à gagner en qualité. Les faits allégués sont moins négligés ; les affaires sortent plus souvent ; elles tiennent mieux, les victimes sont mieux prises en compte. Les mis en cause qui clament leur innocence y ont aussi gagné.

## B. L'enregistrement de l'audition

Les nouvelles technologies permettent d'enregistrer le son, voire désormais, l'image d'une audition. Les policiers enquêteurs en ont fait usage.

Il doit s'agir de conserver une meilleure trace des propos, notamment initiaux, tenus par la victime mais encore de lui éviter d'avoir à les répéter et donc de revivre des épisodes traumatiques. L'enregistrement audiovisuel permet aussi de restituer ce que la jeune victime pouvait être peu de temps après les faits quand, au moment du jugement, sa personne pourra avoir singulièrement évolué.

En 1991, les gendarmes de La Réunion, en accord avec le parquet, ont importé en France venant du Québec la procédure MELANIE pour enregistrer sur vidéoscope les premiers entretiens d'enfants victimes. Après une bataille juridique de quelques années sur la validité de ces enregistrements et de leur utilisation la loi a consacré cette démarche (C. pr. pén., art. 706-52; circulaire criminelle JUSD-9930060C du 20 avr. 1999).

Sur le terrain on reste souvent loin du compte : comme le relevait le rapport Viout[1], les difficultés techniques – réelles ou alléguées – peuvent se multiplier pour faire obstacle à cet enregistrement. D'une manière surprenante, dans certains départements le taux d'enregistrement était étonnamment faible (20 %) : des policiers influençaient les parents et les enfants pour renoncer à cette pratique.

En effet l'enregistrement ne restitue pas que la victime; il permet de voir l'enquêteur

1. Rapport d'étape sur l'état d'avancement du groupe de travail chargé de tirer les enseignements du traitement judiciaire de l'affaire dite « d'Outreau » dirigé par Jean-Olivier Viout, procureur général à Lyon (févr. 2005, p. 13).

dans ses forces et ses faiblesses. Il s'expose lui-même à être jugé.

Après Outreau, la loi du 5 mars 2007 a su rendre l'enregistrement obligatoire par deux dispositions :

– le consentement du mineur ou de ses représentants légaux n'est plus nécessaire ;

– le procureur de la République et le juge d'instruction ne peuvent plus s'opposer à l'enregistrement de l'audition de la victime mineure.

Si la victime est majeure au moment de l'enquête l'enregistrement sera alors possible, mais pas obligatoire (C. pén., art. 706-52).

Si l'enregistrement est techniquement impossible les raisons doivent en être indiquées dans le procès-verbal.

La loi vise les infractions visées à l'article 706-47 du Code de procédure pénale (meurtre ou assassinat d'un mineur précédé ou accompagné d'un viol, tortures ou d'actes de barbarie ou infractions d'agression ou d'atteintes sexuelles ou proxénétisme à l'égard d'un mineur, ou recours à la prostitution d'un mineur), mais rien ne s'oppose à ce qu'un enregistrement soit effectué dans les cas de mauvais traitements. Il est alors facultatif, mais la loi y incite.

Le non-enregistrement n'est pas sanctionné par une nullité.

Le parquet ou le juge d'instruction peuvent estimer qu'il suffira d'un enregistrement sonore si l'intérêt de la victime le commande (C. pr. pén., art. 706-52, al. 2).

Généralement les services de police ont pu être équipés d'un local adapté et équipé du matériel adéquat permettant d'enregistrer sans coupure et d'établir immédiatement les copies exigées par la procédure. On veille ce que l'ameublement soit accueillant, agréable, et surtout adapté au jeune âge des victimes notamment en tenant compte de leur taille.

Les micros et caméras sont apparents ou dissimulés, mais le moniteur de contrôle est dans une autre pièce, ce qui permet, outre de ne pas détourner l'attention de l'enfant entendu, à un deuxième policier de réaliser en temps réel le procès-verbal écrit.

L'enregistrement est copié. L'original est placé sous scellés fermés, la copie versée au dossier pour être consultée en cours de procédure, y compris pendant le délibéré dès lors que toutes les parties ont pu y accéder en cours d'instruction.

## § 2. Un procès-verbal écrit

L'enregistrement ne dispense pas d'un procès-verbal d'audition destiné au dossier dans les formes de droit commun. Il peut être moins formel que d'ordinaire (Circ. du 20 avr. 1999). Il sera très proche de la bande sonore sans nécessairement être la retranscription intégrale des propos.

En tout cas on est loin des procès-verbaux passés où les enfants utilisaient une langue digne, sinon du Bac, du moins d'un brevet des études avec une audition très compactée et en vérité totalement réécrite. Les policiers veillent désormais à faire apparaître les questions et les réponses. Ils notent les attitudes adoptées par l'enfant. Le lecteur a ainsi le sentiment d'assister à l'audition.

## § 3. Quelle portée attribuer à la parole de l'enfant ?

Après avoir négligé la parole des enfants, certains ont pu la prendre pour argent comptant en négligeant tout sens critique. Aujourd'hui la tendance serait inverse : on va vers une mise en cause trop rapide de ce que disent les enfants. Il faut ici comme en toute affaire judiciaire tenir un équilibre. Les mots doivent être entendus, analysés, remis en perspective. Il faut observer les regards et les gestes : tout simplement, il faut aussi vérifier ce qui est allégué au regard de constatations objectives et comparer attentivement avec le discours des mis en cause et des témoins.

À regarder de près notre droit et notre justice prennent mieux en considération les enfants victimes. Il nous faut accentuer cette démarche et être encore plus rigoureux, formés et organisés. C'est un problème technique et matériel, mais pas seulement. C'est aussi un état d'esprit.

Leur rendre pleinement justice, c'est leur permettre de grandir, mais c'est aussi leur permettre d'être parents et protéger leurs… enfants à venir ; c'est aussi lutter contre certaines violences tant il est vrai que parmi les « prédateurs » qui s'attaquent à des enfants se trouvent d'anciennes victimes auxquelles on n'a pas pu ou su rendre justice, qui n'ont pas été reconnues et accompagnées comme telle avec le soutien et les soins qui s'imposaient.

L'institution judiciaire a une responsabilité pour rendre justice aux enfants, mais tout le poids de cette charge ne peut pas reposer sur elle.

# Conclusion

Pas question d'une défense *pro domo* de l'institution judiciaire. Comme toute institution elle a ses faiblesses, sinon ses failles. Au gré des « affaires » et de l'évolution de la sensibilité sociale, la justice a été l'objet d'injonctions nombreuses, parfois contradictoires. On attend même trop d'elle ! Un temps l'enfance en danger était prioritaire, puis l'enfance dangereuse, entre-temps on avait une inclinaison pour les enfants victimes. Elle a tenté de répondre à ces missions, parfois elle a elle-même contribué à sensibiliser l'opinion, puis les politiques. Elle a dû et elle a su faire son *aggiornamento* pour réagir à la montée et à la transformation de la délinquance juvénile. Elle a trouvé dans la boîte à outils législative les moyens d'impulser un mouvement, puis la loi a été améliorée. Elle a su faire une place à l'enfant.

Sa marge de progression reste importante. Trop d'enfants mériteraient que leurs droits fondamentaux soient consacrés. Deux millions vivent sous le seuil de pauvreté européen, 15000 enfants handicapés ne sont pas scolarisés. Et ces enfants Roms non scolarisés ou déscolarisés au gré des expulsions alors même que leur famille est sédentaire. Ces enfants-là sont tenus hors la société : on ne les tient même pas pour être en danger et leur apporter la protection que la société leur doit !

La justice est le reflet d'une société. La justice des enfants illustre bien la contradiction majeure que développe notre société à l'égard des enfants : les protéger à condition de ne pas remettre en cause des équilibres tenus pour fondamentaux. Le sort fait aux enfants étrangers isolés en France est ici une belle illustration ; l'absence de droit à la filiation en est un autre au nom de la paix des familles.

Le temps est venu d'une nouvelle réflexion sur le statut fait aux enfants de France et sur la représentation de l'enfance. Une politique globale doit en découler dans laquelle la justice prendra toute sa place pour faire respecter les droits des enfants, y compris leur droit à ne pas être dans la toute-puissance, donc à être protégés par une autorité juste, parfois pour consacrer de nouveaux droits de l'homme de l'enfant.

Sans négliger qu'il faut des moyens, des hommes, des mètres carrés et de l'argent, il faut d'abord une volonté politique et une impulsion. Dans ce conteste la justice peut tenir toute sa place au service des enfants donc au final au service de la société : des enfants pris en compte dans leur personne – et non comme objets de désir – sont plus sûrement des futurs citoyens.

## Table des matières

Collection ***À savoir***
sous la direction de
É. Pisier et O. Duhamel

*Codes noirs*, C. Taubira, avec A. Castaldo
*Homosexuels. Quels droits ?*, J. Lang, D. Borrillo
*Le droit des femmes*, É. Pisier, avec S. Brimo
*Les droits des enfants*, S. Royal
*Lois et moeurs du rugby*, F. Galthié et J. Lacouture
*Les discriminations positives*, J. Bougrab
*L'abolition de la peine de mort*, R. Badinter
*Le Coran tolérant*, D. Boubakeur
*Un traité pour l'Europe*, N. Sarkozy
*Le nouveau Code du travail*, A. Lyon-Caen, A. Fabre
*Le président des États-Unis*, C. Ockrent, avec B. Perreau
*Obama, petite encyclopédie*, M. Kravetz
*Le droit et les Juifs*, D. Lochak
*Pour la planète*, D. Cohn-Bendit, avec É. Gaudot
*50 droits contre l'exclusion*, M. Hirsch, avec l'ANSA
*Paroles de philosophes*, L. Ferry
*Obama président, petite encyclopédie*, M. Kravetz
*La révolution numérique*, É. Scherer
*Les droits de l'animal*, J.-M. Coulon, J.-C. Nouët
*50 droits des ados*, M. Hirsch, avec I. Djordjevic
*Les interdits religieux*, C. Fourest, F. Venner
*Le football. Les lois d'un jeu*, L. Vallée
*Les mots de de Gaulle*, D. Tillinac

*QPC, la question prioritaire de constitutionnalité*, G. Carcassonne, O. Duhamel
*Petit dictionnaire de la fraude fiscale*, M.-P. Prat, C. Janvier
*Les grands articles du code pénal*, Y. Mayaud
*Bioéthique*, D. Borrillo
*Les élections présidentielles*, M. Ballet, O. Duhamel
*SNCF, les droits des voyageurs*, M. Debrincat, F. Regniault
*Guerre d'Algérie, droit et non-droit*, A. Heymann-Doat
*Les droits des malades*, C. Kouchner, avec A. Delhaye
*Paroles de présidents*, J. Lacouture, 2e éd.
*Les grandes dates de la Ve République*, R. Ghevontian
*Les droits des profs*, M. Debène
*Les grands articles du code civil*, A. Bénabent, D. Mazeaud
*L'euro*, J.-P. Vesperini
▶ *La justice et les enfants*, J.-P. Rosenczveig

*Achevé d'imprimer sur les presses de*
L.E.G.O S.p.A.
Italie
Dépôt légal : février 2013
712077 - (I) - OSB-A 60g - CMB- (EDO)
Imprimé en Italie

Photocomposition CMB Graphic
44800 Saint-Herblain